Em busca de um teatro pobre

Jerzy Grotowski

Em busca de um teatro pobre

Tradução de
Aldomar Conrado

Prefácio de
Peter Brook

1ª edição

CIVILIZAÇÃO BRASILEIRA

Rio de Janeiro
2023

Copyright © 1968 Jerzy Grotowski and Odin Teatrets Forlag
Copyright da tradução © Civilização Brasileira, 1976

Título original: *Towards a Poor Theatre*

Design de capa: Dounê
Adaptação de capa: Studio Flex
Imagem de capa: Teatro Laboratório

Todos os direitos reservados. É proibido reproduzir, armazenar ou transmitir partes deste livro, através de quaisquer meios, sem prévia autorização por escrito.

Todos os esforços foram feitos para localizar os fotógrafos das imagens e os autores dos textos reproduzidos neste livro. A editora compromete-se a dar os devidos créditos em uma próxima edição, caso os autores as reconheçam e possam provar sua autoria. Nossa intenção é divulgar o material iconográfico e musical, de maneira a ilustrar as ideias aqui publicadas, sem qualquer intuito de violar direitos de terceiros.

Este livro foi revisado segundo o Acordo Ortográfico da Língua Portuguesa de 1990.

Direitos desta tradução adquiridos pela
EDITORA CIVILIZAÇÃO BRASILEIRA
Um selo da
EDITORA JOSÉ OLYMPIO LTDA.
Rua Argentina, 171 — Rio de Janeiro, RJ — 20921-380 — Tel.: (21) 2585-2000.

Seja um leitor preferencial Record.
Cadastre-se no site www.record.com.br
e receba informações sobre nossos lançamentos e nossas promoções.

Atendimento e venda direta ao leitor:
sac@record.com.br

CIP-BRASIL. CATALOGAÇÃO NA PUBLICAÇÃO
SINDICATO NACIONAL DOS EDITORES DE LIVROS, RJ

G924e
    Grotowski, Jerzy, 1933-1999
       Em busca de um teatro pobre / Jerzy Grotowski ; tradução Aldomar Conrado – 1. ed. – Rio de Janeiro : Civilização Brasileira, 2023.

      Tradução de: Towards a Poor Theatre
      ISBN 978-85-200-0869-0

      1. Representação teatral. I. Conrado Aldomar. II. Título.

                        CDD: 792.022
22-81724   CDU: 792

Meri Gleice Rodrigues de Souza – Bibliotecária – CRB-7/6439

Impresso no Brasil
2023

Sumário

PREFÁCIO — *Peter Brook*   7

Em busca de um teatro pobre   11

O Novo Testamento do teatro   25

Teatro é encontro   57

Akropolis: tratamento do texto   65

Dr. Fausto: montagem textual   77

O príncipe constante   91

Ele não era inteiramente ele   97

Investigação metódica   109

O treinamento do ator (1959-1962)   117

O treinamento do ator (1966)   165

A técnica do ator   201

O discurso de Skara   215

O encontro americano   233

Declaração de princípios   249

DADOS COMPLEMENTARES   261

Prefácio

Grotowski é único.

Por quê?

Porque ninguém mais no mundo, ao que eu saiba, ninguém desde Stanislavski, investigou a natureza da representação teatral, seu fenômeno, seu significado, a natureza e a ciência de seus processos mental-físico-emocionais tão profunda e completamente quanto Grotowski.

Grotowski considera seu teatro um laboratório. E é. É um centro de pesquisa. Talvez seja o único teatro de vanguarda cuja pobreza não significa inconveniente, onde a falta de dinheiro não é justificativa para meios inadequados que, automaticamente, prejudicam as experiências. No teatro de Grotowski, como em todos os verdadeiros laboratórios, as experiências são cientificamente válidas porque são observadas as condições essenciais. Em seu teatro existe concentração absoluta por um pequeno grupo, e tempo ilimitado. Se o leitor estiver realmente interessado na criação de Grotowski, deve ir à Polônia.

Ou então fazer o que fizemos. Trazer Grotowski.

Ele trabalhou durante duas semanas com o nosso grupo. Não vou descrever seu trabalho. Por quê? Em primeiro lugar, porque trabalho dessa natureza só é livre se baseado na confiança, e a confiança, para existir, não pode ser traída. Em segundo, o trabalho é essencialmente não verbal. Verbalizar seria complicar e até destruir exercícios tão claros e simples quando assinalados pelo gesto e executados pelo espírito e corpo como um todo.

Qual o resultado desse trabalho?

Ele proporcionou a cada ator uma série de surpresas.

A surpresa de defrontar desafios simples e inescapáveis.

A surpresa de visualizar seus próprios subterfúgios, truques e clichês.

A surpresa de perceber algo de seus próprios recursos, imensos e inexplorados.

A surpresa de ser forçado a indagar por que ele, afinal de contas, é ator.

A surpresa de ser forçado a reconhecer que tais problemas existem e que — apesar da longa tradição inglesa de evitar a seriedade na arte teatral — chega o momento em que têm de ser enfrentados. E a de perceber que ele quer enfrentá-los.

A surpresa de perceber que, em algum lugar do mundo, o teatro é uma arte de absoluta dedicação, monástica e total. Que a frase, já conhecida, de Artaud, "cruel para mim mesmo", é, na realidade, um completo sistema de vida — em algum lugar, para algumas pessoas, pelo menos.

Com uma condição. Essa dedicação ao teatro não o transforma num fim em si mesmo. Pelo contrário. Para Grotowski a representação é um veículo. Como expressar-me? O teatro não é uma fuga, um refúgio. Um sistema de vida é um caminho para a vida. Parecerá isso um slogan religioso? Deveria parecer. Eis tudo. Nem mais, nem menos. Resultados? Pouco prováveis. Melhoram os nossos atores? Melhoram como homens? Não naquele sentido, até onde percebo. (E, claro, nem todos ficaram extasiados com as

PREFÁCIO

experiências. Não tanto quanto se afirma. Alguns se chatearam.)
Mas, como diz Arden:

Porque a maçã contém uma semente
crescerá, viva e extensa alegria
em florescente árvore de frutos
pela eternidade e mais um dia.

O trabalho de Grotowski e o nosso têm paralelos e pontos de
contato. Graças a isso, à simpatia e ao respeito, conseguimos nos
encontrar. Mas a vida de nosso teatro é, em todos os sentidos,
diferente da do seu. Ele dirige um laboratório. Ocasionalmente,
precisa de uma plateia, mas reduzida. Sua tradição é católica ou
anticatólica; neste caso, os extremos se tocam. Ele está criando
uma forma de culto. Nós trabalhamos em outro país, com outra
língua, outra tradição. Nosso objetivo não é uma nova Missa, mas
um novo relacionamento isabelino unindo o privado e o público,
o íntimo e a multidão, o secreto e o aberto, o vulgar e o mágico.
Para isso necessitamos de uma multidão no palco e de outra que
nos observe — e dentro da multidão no palco, personagens que
ofereçam a sua verdade mais íntima às que compõem a multidão
que nos observa, partilhando assim uma experiência coletiva.

Chegamos perto de desenvolver um padrão global — a ideia
de grupo, de conjunto.

Mas nosso conjunto é sempre muito apressado, sempre muito
desordenado para o desenvolvimento do conjunto de indivíduos
que o compõe.

Sabemos, teoricamente, que todo ator deve pôr, todos os dias,
sua arte em questão — como os pianistas, os bailarinos, os pinto-
res — e que, se assim não fizer, quase certamente estagnará, criará

clichês e entrará em decadência. Reconhecemos isso e, no entanto, fazemos tão pouco a respeito que estamos sempre buscando sangue novo, vitalidade jovem — exceção feita aos talentos excepcionais, que, naturalmente, aproveitam sempre as melhores oportunidades, absorvem ao máximo o tempo disponível.

O Strantford Studio foi um reconhecimento desse problema, mas vivia lutando com a questão do repertório, do cansaço da companhia, da fadiga.

O trabalho de Grotowski veio nos lembrar que o que ele consegue, quase milagrosamente, com um punhado de atores é exigido, na mesma extensão, de cada ator em nossas dúas grandes companhias, em dois teatros distantes uns cem quilômetros um do outro.

A intensidade, a honestidade e a precisão do seu trabalho só pode deixar-nos uma coisa: um desafio. Mas não por uma quinzena, nem apenas uma vez na vida. Diariamente.

Peter Brook

(Este artigo de Peter Brook foi publicado inicialmente na revista *Flourish*, publicação oficial do *Royal Shakespeare Theatre Club*, no número correspondente ao inverno, 1967.)

Em busca de um teatro pobre

Este artigo de Jerzy Grotowski foi publicado em *Odra* (Wroclaw, 9/1965); *Kungs Dramatiska Teaterns Program* (Estocolmo, 1965); *Scena* (Novi Sad, 5/1965); *Cahiers Renaud- -Barrault* (Paris, 55/1966); *Tulane Drama Review* (Nova Orleans, T 35, 1967.)

Fico um pouco impaciente quando me perguntam: "Qual a origem do seu teatro experimental?" Tenho a impressão de que o "experimental" significa um trabalho tangencial (brincando com uma "nova" técnica em cada ensaio) e tributário. Supõe-se que o resultado seja uma contribuição para o espetáculo moderno: a cenografia usando esculturas atuais ou ideias eletrônicas, música contemporânea, os atores projetando independentemente estereótipos de circo ou de cabaré. Conheço bem a coisa: já fiz parte disso. Nosso Teatro Laboratório caminha em outra direção. Em primeiro lugar, tentamos evitar o ecletismo, resistir ao pensamento de que o teatro é uma combinação de matérias. Estamos tentando definir o que significa o teatro distintamente, o que separa essa atividade das outras categorias de espetáculo. Em segundo lugar, nossas produções são investigações do relacionamento entre ator e plateia. Isto é, *consideramos a técnica cênica e pessoal do ator como a essência da arte teatral.*

São difíceis de localizar as fontes exatas desse enfoque, mas posso falar da sua tradição. Criei-me com o método de Stanislavski; seu estudo persistente, sua renovação sistemática dos métodos de observação e seu relacionamento dialético com seu próprio trabalho anterior fizeram dele meu ideal pessoal. Stanislavski investigou os problemas metodológicos fundamentais. Nossas soluções, contudo, diferem profundamente das suas; por vezes, atingimos conclusões opostas.

Estudei todos os principais métodos de treinamento do ator da Europa e de outras localidades. Os mais importantes para os meus objetivos: exercícios de ritmo, de Dullin; investigações das reações extroversivas e introversivas, de Delsarte; trabalho de Stanislavski sobre as "ações físicas"; treinamento biomecânico de Meyerhold; a síntese de Vakhtanghov. Também estimulantes para mim foram as técnicas do teatro oriental, especialmente a Ópera de Pequim, o Kathakali Indiano e o Nô japonês. Poderia citar outros sistemas teatrais, mas o método que estamos desenvolvendo não é uma combinação de técnicas extraídas dessas fontes (embora algumas vezes adaptemos alguns elementos para nosso uso). Não pretendemos ensinar ao ator uma série de habilidades ou um repertório de truques. Nosso método não é dedutivo, não se baseia em uma coleção de habilidades. Tudo está concentrado no amadurecimento do ator, que é expresso por uma tensão levada ao extremo, por um completo despojamento, pelo desnudamento do que há de mais íntimo — tudo isto sem o menor traço de egoísmo ou de autossatisfação. O ator faz uma total doação de si mesmo. Essa é uma técnica de "transe" e de integração de todos os poderes corporais e psíquicos do ator, os quais emergem do mais íntimo do seu ser e do seu instinto, explodindo em espécie de "transiluminação".

Não educamos um ator, em nosso teatro, ensinando-lhe alguma coisa: tentamos eliminar a resistência de seu organismo a esse processo psíquico. O resultado é a eliminação do lapso de tempo entre impulso interior e reação exterior, de modo que o impulso se torna de imediato uma reação exterior. Impulso e ação são concomitantes: o corpo se desvanece, queima, e o espectador assiste a uma série de impulsos visíveis. Nosso caminho é uma *via negativa*, não uma coleção de técnicas, e sim erradicação de bloqueios.

Anos de trabalho e de exercícios especialmente compostos (que por meio de treinamento físico, plástico e vocal tentam guiar o ator à correta concentração) algumas vezes permitem a descoberta do início desse caminho. Então torna-se possível cultivar cuidadosamente o que foi despertado. O próprio processo, embora dependente até certo ponto da concentração, da confiança, da entrega e da quase total absorção na técnica teatral, não é voluntário. O estado necessário da mente é uma disposição passiva a realizar um trabalho ativo, não um estado pelo qual *queremos fazer aquilo,* mas *desistimos de não fazê-lo.*

A maioria dos atores do Teatro Laboratório estão apenas começando a trabalhar para tornar possível a manifestação visível de tal processo. Em seu trabalho cotidiano, eles não se concentram na técnica intelectual, mas na composição do papel, na construção da forma, na expressão dos símbolos — isto é, no artifício. Não existe contradição entre a técnica interior e o artifício (articulação de um papel por meio de símbolos). Acreditamos que um processo pessoal que não seja apoiado e expresso pela articulação formal e pela estruturação disciplinada do papel não é uma liberação, e redundará no informe.

Verificamos que a composição artificial não só não limita a espiritual, mas de fato conduz a ela. (A tensão tropística entre o processo interior e a forma fortalece ambos. A forma é como uma sedutora armadilha à qual o processo intelectual responde espontaneamente, contra a qual luta.) As formas do comportamento "natural" e comum obscurecem a verdade; compomos um papel como um sistema de símbolos que demonstra o que está por trás da máscara da visão comum: a dialética do comportamento humano. No momento de um choque psíquico, de terror, de perigo mortal, ou de imensa alegria, o homem não se comporta *naturalmente*. O homem em um elevado estado espiritual usa símbolos articulados ritmicamente, começa a dançar, a cantar. O *gesto significativo*, não o gesto comum, é para nós a unidade elementar de expressão.

Em termos de técnica formal, não trabalhamos por meio da proliferação dos símbolos ou pela soma deles (como nas repetições formais do teatro oriental). Pelo contrário, subtraímos, procurando a quintessência dos símbolos pela eliminação daqueles elementos do comportamento "natural" que obscurecem o impulso puro. Outra técnica que ilumina a estrutura recôndita dos símbolos é a *contradição* (entre gesto e voz, voz e palavra, palavra e pensamento, vontade e ação etc.) — aqui, também, tomamos a *via negativa*.

É difícil precisar quais os elementos de nossas produções que resultam de um programa formulado conscientemente, e quais derivam da estrutura da nossa imaginação. Frequentemente me perguntam se certos efeitos "medievais" indicam uma volta intencional às raízes rituais. Não existe uma resposta única. No momento presente da nossa consciência artística, o problema das "raízes" míticas, da situação humana elementar, tem significado definido. Não em virtude, porém, de uma "filosofia da arte" e sim da descoberta e uso prático das regras do teatro. Isto é, as montagens não se originam de postulados estéticos *a priori*; antes, como disse Sartre: "Cada técnica conduz à metafísica."

Durante diversos anos, vacilei entre os impulsos nascidos da prática e a aplicação de princípios *a priori*, sem ver a contradição. Meu amigo e colega Ludvik Flaszen foi o primeiro a apontar essa

EM BUSCA DE UM TEATRO POBRE

confusão no meu trabalho: o material e a técnica que vinham espontaneamente, no preparo de uma montagem, da essência mesma do trabalho, eram reveladoras e promissoras; mas o que me parecia oriundo de conceitos teóricos era, de fato, mais função da minha personalidade que do meu intelecto. Percebi que a montagem conduzia a uma conscientização, em vez de ser produto de uma conscientização. Desde 1960, eu dava ênfase à metodologia. Por meio de experimentações práticas, procurava responder: O que é o teatro? O que tem ele de único? Que pode fazer que o filme e a televisão não podem? Dois conceitos concretos cristalizaram-se: o teatro pobre, e a representação como um ato de transgressão.

Pela eliminação gradual de tudo que se mostrou supérfluo, percebemos que o teatro pode existir sem maquiagem, sem figurino especial e sem cenografia, sem um espaço isolado para representação (palco), sem efeitos sonoros e luminosos etc. Só não pode existir sem o relacionamento ator-espectador, de comunhão perceptiva, direta, viva. Trata-se, sem dúvida, de uma verdade teórica antiga, mas quando rigorosamente testada na prática destrói a maioria das nossas ideias vulgares sobre teatro. Desafia a noção de teatro como síntese de diversas disciplinas criativas — literatura, escultura, pintura, arquitetura, iluminação, representação (sob o comando de um diretor). Este "teatro sintético" é o teatro contemporâneo, que chamamos de "Teatro Rico" — rico em defeitos.

O Teatro Rico baseia-se em uma cleptomania artística, tomando de outras disciplinas, construindo espetáculos híbridos, conglomerados sem espinha dorsal ou integridade, embora apresentados como trabalho artístico orgânico. Pela multiplicação dos elementos assimilados, o Teatro Rico tenta fugir do impasse em que o colocaram o cinema e a televisão. Como o cinema e a

EM BUSCA DE UM TEATRO POBRE

TV são superiores nas funções mecânicas (montagem, mudanças instantâneas de lugar etc.), o Teatro Rico ripostou com um apelo — evidentemente compensatório — ao "teatro total". A integração de mecanismos emprestados (projeções cinematográficas, por exemplo) significa equipamento técnico aperfeiçoado, permitindo grande mobilidade e dinamismo. E se o palco ou a plateia, ou ambos, fossem móveis, seria possível a perspectiva constantemente mutável. Tudo isso é uma tolice.

Não há dúvida de que quanto mais o teatro explora e usa as fontes mecânicas, mais permanece tecnicamente inferior ao cinema e à televisão. Consequentemente, proponho a pobreza no teatro. Renunciamos a uma área determinada para o palco e para a plateia: para cada montagem, um novo espaço é desenhado para os atores e para os espectadores. Dessa forma, torna-se possível infinita variedade no relacionamento entre atores e público. Os atores podem representar entre os espectadores, estabelecendo contato direto com a plateia e conferindo-lhe um papel passivo no drama (por exemplo, as nossas montagens de *Caim*, de Byron, e de *Shakuntala*, de Kalidasa). Ou os atores podem construir estruturas entre os espectadores e dessa forma incluí-los na arquitetura da ação, submetendo-os a um sentido de pressão, congestão e limitação de espaço (como a montagem de *Akropolis*, de Wyspianski). Ou os atores podem representar entre os espectadores, ignorando-os, olhando "através" deles. Os espectadores podem estar separados dos atores — por exemplo, por um tapume alto que lhes chegue ao queixo (como na montagem de *O príncipe constante*, de Calderón); dessa perspectiva radicalmente inclinada, eles olham para os atores como se vissem animais em uma arena, ou como estudantes de medicina observando uma operação (além disso, o

EM BUSCA DE UM TEATRO POBRE

olhar para baixo confere à ação um sentido de transgressão moral).
Ou então a sala inteira é usada como um lugar concreto: a última
ceia de Fausto, no refeitório de um mosteiro, onde ele recebe os
espectadores que são convidados de uma festa barroca, servida em
enormes mesas cujos pratos são episódios de sua vida. A eliminação
da dicotomia palco-plateia não é o mais importante: apenas cria
uma situação de laboratório, uma área apropriada para a pesquisa.
O objetivo essencial é encontrar o relacionamento adequado entre
ator e espectador, para cada tipo de representação, e incorporar a
decisão em disposições físicas.

Abandonamos os efeitos de luz, o que revelou amplas possibilidades de uso, pelo ator, de focos estacionários, mediante o
emprego deliberado de contrastes entre sombras e luz forte. É
particularmente significativo que, uma vez que o espectador esteja colocado em uma zona iluminada, tornando-se assim visível,
passe ele também a tomar parte na representação. Ficou também
evidente que os atores, como as figuras das pinturas de El Greco,
podem "iluminar" com sua técnica pessoal, transformando-se em
fonte de "luz espiritual".

Também desistimos de usar maquiagem, narizes e barrigas
postiças, enfim, tudo o que o ator geralmente coloca, antes do
espetáculo, no camarim. Percebemos que era profundamente
teatral para o ator transformar-se de tipo em tipo, de caráter em
caráter, de silhueta em silhueta — à vista do público — de maneira
pobre, usando somente seu corpo e seu talento. A composição de
uma expressão facial fixa, por uso dos próprios músculos do ator
e dos seus impulsos interiores, atinge o efeito de uma transubstan-
ciação notavelmente teatral, enquanto a máscara preparada pelo
maquiador é apenas um truque.

EM BUSCA DE UM TEATRO POBRE

Do mesmo modo, um traje sem valor autônomo, criado somente em função de determinado personagem e papel, pode ser transformado diante do público, contrastando com as funções do ator etc. A eliminação dos elementos plásticos que possuem vida própria (isto é, que representam algo independente da ação do ator) conduziu à criação pelo ator dos objetos mais elementares e mais óbvios. Pelo emprego controlado do gesto, o ator transforma o chão em mar, uma mesa em confessionário, um pedaço de ferro em ser animado etc. A eliminação de música (ao vivo ou gravada) não produzida pelos atores permite que a representação em si se transforme em música por orquestração de vozes e do entrechoque de objetos. Sabemos que o texto *em si* não é teatro, que só se torna teatro quando usado pelo ator, isto é, graças às inflexões, à associação de sons, à musicalidade da linguagem.

A aceitação da pobreza no teatro, despojado este de tudo que não lhe é essencial, revelou-nos não somente a espinha dorsal do teatro como instrumento, mas também as riquezas profundas que existem na verdadeira natureza da forma de arte.

Por que nos preocupamos com arte? Para cruzar fronteiras, vencer limitações, preencher o nosso vazio — para nos realizar. Não se trata de uma condição, mas de um processo por meio do qual o que é obscuro em nós torna-se paulatinamente claro. Nesta luta com a nossa verdade interior, neste esforço em rasgar a máscara da vida, o teatro, com sua extraordinária perceptibilidade, sempre me pareceu um lugar de provocação. É capaz de desafiar o próprio teatro e o público, violando estereótipos convencionais de visão, sentimento e julgamento — de forma mais dissonante, porque simbolizada pela respiração do organismo humano, pelo corpo e pelos impulsos interiores. Esse desafio do tabu, essa transgressão,

EM BUSCA DE UM TEATRO POBRE

provoca a surpresa que arranca a máscara, capacitando-nos a nos entregar, indefesos, a algo que é impossível de ser definido mas que contém Eros e Caritas.

Em meu trabalho como produtor, tenho sido tentado, por essa razão, a usar as situações arcaicas consagradas pela tradição, situações (no domínio da religião e da tradição) que constituem tabus. Sentia a necessidade de confrontar-me com esses valores. Eles me fascinavam, dando-me uma sensação de repouso interior, ao mesmo tempo que eu cedia à tentação de blasfemar: eu queria atacá-los, vencê-los, ou apenas enfrentá-los com a minha própria experiência, que é determinada pela experiência coletiva de nosso tempo. Esse elemento de nossas produções tem sido chamado diferentemente de "colisão com as raízes", de "dialética do escárnio e apoteose", ou então de "religião expressa pela blasfêmia, amor manifestado pelo ódio".

Logo que meu conhecimento prático se tornou consciente e a experiência conduziu a um método, senti-me compelido a rever a história do teatro em relação a outros ramos do conhecimento, especialmente à psicologia e à antropologia cultural. Impunha-se uma revisão racional do problema do mito. Percebi então, claramente, que o mito era ao mesmo tempo uma situação primitiva e um modelo complexo com existência independente na psicologia dos grupos sociais, que inspira comportamentos e tendências do grupo.

O teatro, quando ainda fazia parte da religião, já era teatro: liberava a energia espiritual da congregação ou tribo, incorporando o mito e profanando-o, ou melhor, superando-o. O espectador tinha então uma nova conscientização de sua verdade pessoal na verdade do mito e, através do terror e da sensação do sagrado, atingia a catarse. Não foi por acaso que a Idade Média concebeu a ideia da "paródia sacra".

Mas a situação atual é muito diferente. Como os agrupamentos sociais cada vez são menos definidos pela religião, as formas míticas tradicionais estão em fluxo, desaparecendo e sendo reencadernadas. Os espectadores estão cada vez mais individualizados em relação ao mito como verdade corporificada ou modelo grupal, e a crença é muito mais um problema de convicção intelectual. Isso significa que se torna muito mais difícil trazer à tona o tipo de impacto necessário para atingir as camadas psíquicas que estão por trás da máscara da vida. A identificação do grupo com o mito — a equação da verdade pessoal, individual, com a verdade universal — é virtualmente impossível em nossos dias.

O que é possível? Primeiro, a *confrontação*, antes que a identificação, com o mito. Em outras palavras, enquanto retemos nossas experiências particulares, podemos tentar encarnar o mito, vestindo-lhe a pele mal ajustada para perceber a relatividade de nossos problemas, sua conexão com as "raízes" e a relatividade dessas "raízes" à luz da experiência de hoje. Se a situação é brutal, se nos desnudamos e atingimos uma camada extraordinariamente recôndita, expondo-a, a máscara da vida se rompe e cai.

Em segundo, mesmo com a perda de um "céu comum" de crença e das fronteiras inexpugnáveis, a perceptibilidade do organismo humano permanece. Somente o mito — encarnado na realidade do ator, em seu organismo vivo — pode funcionar como tabu. A violação do organismo vivo, a exposição levada a um excesso ultrajante, faz-nos retornar a uma situação mítica concreta, experiência de uma verdade humana comum.

Mais uma vez, as fontes racionais de nossa terminologia não podem ser citadas precisamente. Frequentemente, perguntam-me

EM BUSCA DE UM TEATRO POBRE

sobre Artaud quando falo em "crueldade", embora suas formulações fossem baseadas em premissas diferentes e tivessem objetivo diferente. Artaud era um sonhador extraordinário, mas seus escritos têm pouco significado metodológico porque não são frutos de longa pesquisa prática. São uma profecia espantosa, não um programa. Quando falo de "raízes" e de "alma mítica", perguntam-me sobre Nietzsche; se falo de "imaginação de grupo", vem logo à tona Durkheim; se de "arquétipos", Jung. Mas as minhas formulações não são derivadas das ciências humanas, embora eu as use para análise. Quando falo da expressão simbólica do ator, inquirem-me sobre o teatro oriental, particularmente o teatro clássico chinês (especialmente quando sabem que estudei ali). Mas os símbolos hieroglíficos do teatro oriental são inflexíveis, como o alfabeto, enquanto os símbolos que usamos são formas esqueléticas da ação humana, cristalização de um papel, articulação da psicofisiologia particular do ator.

Não tenho a pretensão de que tudo o que fazemos seja inteiramente novo. Estamos sujeitos, consciente ou inconscientemente, a sofrer influências das tradições, da ciência e da arte, até das superstições e sugestões peculiares à civilização que nos moldou, da mesma forma que respiramos o ar do continente em que nascemos. Tudo isso influencia nossa formação, embora às vezes possamos negá-lo. Mesmo quando chegamos a certas fórmulas teóricas e comparamos nossas ideias com as de nossos predecessores, já mencionados, somos forçados a apelar para certas correções retrospectivas que nos habilitem a ver mais claramente as possibilidades com que nos deparamos.

Quando confrontamos a tradição geral da Grande Reforma do teatro, de Stanislavski a Dullin e de Meyerhold a Artaud, verifi-

EM BUSCA DE UM TEATRO POBRE

camos que não partimos da estaca zero e que nos movimentamos em uma atmosfera especial e definida. Se nossa pesquisa revela e confirma o lampejo de intuição de outrem, curvamo-nos com humildade. Verificamos que o teatro tem certas leis objetivas e que sua realização só é possível quando respeitadas essas leis, ou — como disse Thomas Mann — por intermédio de uma espécie de "obediência superior", à qual conferimos "atenção condigna". Ocupo uma posição especial de liderança no Teatro Laboratório polonês. Não sou simplesmente o diretor, ou o produtor, ou o "instrutor espiritual". Em primeiro lugar, minha relação com o trabalho não é certamente unilateral ou didática. Se minhas sugestões se refletem nas composições espaciais do nosso arquiteto Gurawski, é de se compreender que minha visão foi formada ao longo de anos de colaboração com este.

Existe algo de incomparavelmente íntimo e produtivo no trabalho com um ator que confia em mim. Ele deve ser atencioso, seguro e livre, pois nosso trabalho consiste em explorar ao máximo suas possibilidades. Seu desenvolvimento é atingido pela observação, pela perplexidade e pelo desejo de ajudar; o meu desenvolvimento se reflete nele, ou, melhor, está *nele* — e nosso desenvolvimento comum transforma-se em revelação. Não se trata de instruir um aluno, mas de se abrir completamente para outra pessoa, na qual é possível o fenômeno de "nascimento duplo e partilhado". O ator renasce — não somente como ator mas como homem — e, com ele, renasço eu. É uma maneira estranha de se dizer, mas o que se verifica, realmente, é a total aceitação de um ser humano por outro.

O Novo Testamento do teatro

Eugenio Barba fez esta entrevista em 1964, intitulando-a "O Novo Testamento do teatro". Foi publicada em seu livro *Alla Ricerca del Teatro Perduto* (Marsilio Editore, Pádua, 1965), como também em *Teatrets Teori og Teknikk* (Holstebro, 1/1966) e *Théâtre et Université* (Nancy, 5/1966).

O NOME "TEATRO LABORATÓRIO" FAZ PENSAR EM PESQUISA CIENTÍFICA. SERÁ ESTA UMA ASSOCIAÇÃO APROPRIADA?

A palavra pesquisa não deveria lembrar sempre pesquisa científica. Nada pode estar mais longe do que fazemos do que a ciência *sensu stricto*; e não só pela nossa carência de qualificações, como também porque não nos interessamos por esse tipo de trabalho.

A palavra pesquisa significa que abordamos nossa profissão mais ou menos como o entalhador medieval, que procurava recriar no seu pedaço de madeira uma forma já existente. Não trabalhamos como o artista e o cientista, mas antes como o sapateiro, que procura o lugar exato no sapato para bater o prego.

O outro sentido da palavra pesquisa pode parecer um pouco irracional, uma vez que envolve a ideia de penetração na natureza humana. Em nossa época, na qual todas as línguas se confundiram como na Torre de Babel, em que todos os gêneros estéticos se misturaram, a morte ameaça o teatro, à medida que o cinema e a televisão invadem o seu domínio. Isso faz com que examinemos a natureza do teatro, como é que ele se diferencia das outras formas de arte, e o que é que o torna insubstituível.

SUA PESQUISA O CONDUZIU A ALGUMA DEFINIÇÃO?

Que significa a palavra teatro? Esta é uma pergunta com que sempre nos defrontamos, e para a qual há muitas respostas possíveis. Para o acadêmico, o teatro é o lugar onde um ator declama um texto, ilustrando-o com uma série de movimentos, a fim de torná-lo mais facilmente compreendido. Interpretado dessa forma, o teatro é um acessório útil da literatura dramática. O teatro intelectual é apenas uma variante dessa concepção. Seus defensores consideram-no uma espécie de tribuna polêmica. Também aqui, o texto é o elemento mais importante, e o teatro funciona unicamente para acentuar certos argumentos intelectuais, provocando com isso o seu confronto recíproco. Trata-se de uma ressurreição da arte medieval do duelo oratório.

Para o espectador comum, o teatro é acima de tudo um lugar de divertimento. Se ele espera encontrar uma Musa frívola, o texto não lhe interessa nem um pouco. O que o atrai são as chamadas *gags*, os efeitos cômicos, e talvez os trocadilhos que levam de volta ao texto. Sua atenção se dirige principalmente para o ator como um centro de atração. Uma jovem vestida o mais sumariamente possível é, por si só, uma atração para certos frequentadores de teatro que atribuem um critério cultural à atuação da moça, embora esse julgamento seja, na verdade, uma compensação para a frustração pessoal.

O espectador que alimenta veleidades culturais gosta, de vez em quando, de assistir a representações do repertório mais sério, talvez até de uma tragédia, contanto que possua algum elemento melodramático. Nesse caso, suas exigências podem variar profundamente. Por um lado, pode demonstrar que pertence a uma sociedade melhor, na qual a "Arte" é uma garantia; e, por

O NOVO TESTAMENTO DO TEATRO

outro, deseja experimentar certas emoções que lhe proporcionem um senso de autossatisfação. Mesmo que não sinta piedade pela pobre Antígona, nem aversão pelo cruel Creonte, e não partilhe do sacrifício e do destino da heroína, acredita-se, apesar disso, moralmente igual a ela. Para ele, trata-se de uma questão de ser capaz de sentir-se "nobre". As qualidades didáticas desse tipo de emoção são dúbias. A plateia — toda constituída de Creontes — pode ficar do lado de Antígona durante a representação, mas isso não a impedirá de comportar-se como Creonte, uma vez fora do teatro. É digno de nota o sucesso das peças que tratam de uma infância infeliz. O fato de assistir aos sofrimentos de uma criança inocente no palco torna bem mais fácil para o espectador simpatizar com a infeliz vítima. Assim, ele se assegura do alto nível dos seus padrões morais.

A gente do teatro não tem, usualmente, uma concepção inteiramente clara sobre o teatro. Para o ator comum, teatro é, acima de tudo, *ele mesmo*, e não o que ele é capaz de conseguir por seus meios técnicos. Tal atitude origina a impudência e a autossatisfação, que o tornam capaz de apresentar ações que não exigem qualquer conhecimento especial, que são banais e comuns, como andar, levantar-se, sentar-se, acender um cigarro, colocar as mãos nos bolsos, e assim por diante. Na opinião do ator, nada disso se destina a revelar alguma coisa, mas basta em si, porque, como já disse, ele, o Sr. X, *é* o teatro. E se o ator possui certo encanto que prenda a plateia, isso fortalecerá mais ainda a sua convicção.

Para o cenógrafo, o teatro é acima de tudo uma arte plástica, o que pode ter consequências positivas. Os projetistas são frequentemente defensores do teatro literário. Alegam que o cenário, assim como o ator, servem ao drama. Essa crença não revela qualquer desejo de servir à literatura, mas apenas um complexo com relação ao produtor. Preferem ficar do lado do dramaturgo, já que ele está distante e, consequentemente, tem menos possibilidades de limitá-los. Na prática, os projetistas mais originais sugerem um confronto entre o texto e a visão plástica capaz de superar e revelar a imaginação do autor. Não é, provavelmente, por mera coincidência que os cenógrafos poloneses são, frequentemente, os pioneiros no teatro de nosso país. Eles exploraram as numerosas possibilidades oferecidas pelo desenvolvimento revolucionário das artes plásticas no século XX, as quais, em menor escala, inspiraram autores e produtores.

Não implicará isso certo perigo? Os críticos que acusam os cenógrafos de dominarem o palco apresentam mais de um argumento válido e objetivo; a questão é que partem de uma premissa errada. É como se acusassem um carro de correr mais depressa que um caracol. Isso é o que os aborrece, e não que a visão do cenógrafo tenha dominado a do ator e a do diretor. A visão do cenógrafo é criativa, não estereotipada; e, mesmo se o for, perde seu caráter tautológico pelo seu imenso processo de ampliação. Apesar de tudo, o teatro é transformado — queira o cenógrafo ou não — em uma série de quadros vivos. Torna-se uma espécie de *camera oscura*, uma excitante lanterna mágica. Mas não deixa, então, de ser teatro?

Finalmente que significa o teatro para o produtor? Os produtores vêm para o teatro depois de falharem em outros campos. Aquele que uma vez sonhou em ser autor termina sendo diretor.

O ator que é um fracasso, ou a atriz que já foi *prima donna* e já começa a envelhecer, volta-se para a produção.

O NOVO TESTAMENTO DO TEATRO

O crítico de teatro que, há muito, tem um complexo de impotência com relação a uma arte pela qual nada mais pôde fazer, exceto escrever, volta-se também para a produção.

O hipersensível professor de literatura, que já está farto do trabalho acadêmico, considera-se também capaz de se tornar um produtor. Já sabe o que é o drama — e que mais é o teatro para ele senão a realização de um teatro?

Como são guiados por uma tal variedade de motivações psicanalíticas, as ideias dos produtores sobre o teatro são as mais variadas possíveis. Seu trabalho é uma compensação para vários fenômenos. O homem que não desenvolveu suas tendências políticas, por exemplo, muitas vezes se torna produtor e goza, assim, de uma sensação de poder que tal posição lhe confere. Isso levou mais de uma vez a interpretações perversas; e os produtores que possuíam essa necessidade de poder montaram peças que polemizavam com as autoridades: daí as numerosas montagens "rebeldes".

Claro que o produtor quer ser criativo. Por conseguinte — mais ou menos conscientemente —, defende um teatro autônomo, independente da literatura, que ele considera apenas um pretexto. Mas, por outro lado, as pessoas capazes de tal trabalho criativo são raras. Muitos estão oficialmente contentes com a definição literária e intelectual do teatro, ou sustentam a teoria de Wagner segundo a qual o teatro deveria ser uma síntese de todas as artes. Uma fórmula mais útil! Permite que se respeite o texto, este elemento básico inviolável, e além do mais não provoca conflito algum com o meio literário e psicológico. Deve-se afirmar, em um parêntese, que cada autor — mesmo aqueles que só podemos qualificar como tais por pura gentileza — sente-se obrigado a defender a honra e os direitos de Nickiewicz, Shakespeare etc., simplesmente porque se consideram seus colegas. Assim, a teoria de Wagner sobre "o teatro como arte total" estabelece *la paix des braves* no campo literário.

Essa teoria justifica a exploração dos elementos plásticos da cenografia em uma montagem, e atribui os resultados a ela. O mesmo pode ser dito em relação à música, seja um trabalho original ou uma montagem. A isso se acrescenta a escolha acidental de um ou mais atores conhecidos, e com esses elementos, apenas casualmente coordenados, surge uma montagem que satisfaz as ambições do produtor. Ele se coloca acima de todas as artes, embora, na realidade, se beneficie delas sem valorizar o trabalho criativo realizado pelos outros — se é que, na verdade, alguém pode ser chamado de criativo em tais circunstâncias.

Dessa forma, o número de definições de teatro é praticamente ilimitado. Para fugir desse círculo vicioso, torna-se necessário, sem dúvida, eliminar, e não adicionar. Por isso, temos de perguntar o que é indispensável no teatro. Vejamos.

Pode o teatro existir sem figurinos e cenários? Sim, pode.

Pode o teatro existir sem música para acompanhar o enredo? Sim.

Pode o teatro existir sem efeitos de luz? Claro.

E sem texto? Sim; a história do teatro confirma isso. Na evolução da arte teatral, o texto foi um dos últimos elementos a ser acrescentado. Se colocarmos algumas pessoas sobre um palco com um cenário que elas próprias montaram, e as deixarmos improvisar seus papéis como na *Commedia dell'Arte*, a representação poderá ser igualmente boa, mesmo que as palavras não sejam articuladas, mas apenas murmuradas.

Mas poderá existir o teatro sem atores? Não conheço nenhum exemplo disso. Pode-se mencionar o teatro de fantoches. Mesmo aqui, no entanto, o ator pode ser encontrado por trás das cenas, embora de outra forma.

Pode o teatro existir sem uma plateia? Pelo menos um espectador é necessário para que se faça uma representação. Assim, ficamos com o ator e o espectador. Podemos então definir o teatro como "o que ocorre entre o espectador e o ator". Todas as outras coisas são suplementares — talvez necessárias, mas ainda assim suplementares. Não foi por mera coincidência que nosso Teatro Laboratório se desenvolveu a partir de um teatro rico em recursos — nos quais as artes plásticas, a iluminação e a música eram constantemente usadas — para o teatro ascético em que nos tornamos nos últimos anos: um teatro ascético no qual os atores e os espectadores são tudo o que existe. Todos os outros elementos visuais são construídos por meio do corpo do ator, e os efeitos musicais e acústicos por meio da sua voz. Isso não significa que não empreguemos a literatura, mas sim que não a consideramos a parte criativa do teatro, mesmo que os grandes trabalhos literários possam, sem dúvida, ter um efeito estimulante na sua gênese. Já que o nosso teatro consiste somente de atores e espectadores, fazemos exigências especiais a ambas as partes. Embora não possamos educar os espectadores — pelo menos, não sistematicamente — *podemos* educar o ator.

COMO É, ENTÃO, QUE O ATOR É TREINADO NO SEU TEATRO, E QUAL A FUNÇÃO DELE EM UMA MONTAGEM?

O ator é um homem que trabalha em público com o seu corpo, oferecendo-o publicamente. Se esse corpo se limita a demonstrar o que é — algo que qualquer pessoa comum pode fazer —, não constitui um instrumento obediente capaz de criar um ato espiritual. Se é explorado por dinheiro e para ganhar os favores da plateia, a arte de representar está à beira da prostituição. É fato reconhecido que, durante muitos séculos, o teatro esteve associado à prostituição, em um sentido ou outro da palavra. As palavras "atriz" e "cortesã" já foram sinônimos. Hoje, separaram-se por um limite bem mais claro, não por uma mudança no mundo do ator, mas porque a sociedade se transformou. Hoje em dia, é a diferença entre uma mulher respeitável e uma cortesã que ficou meio difícil de se estabelecer.

O que impressiona quando se observa a atuação de um ator, tal como é praticada hoje em dia, é a mesquinharia de seu trabalho: a barganha feita por um corpo explorado pelos seus protetores — diretor, produtor — criando em retribuição uma atmosfera de intriga e revolta.

Assim como só um grande pecador pode se tornar um santo, segundo os teólogos (não esqueçamos a Revelação: "Assim porque és morno, nem frio nem quente, eu te vomitarei da minha boca."), da mesma forma a mesquinharia do ator pode ser transformada em uma espécie de santidade. A história do teatro oferece numerosos exemplos disso.

Não me entendam mal. Falo de "santidade" como um descrente. Quero dizer: uma "santidade secular". Se o ator, estabelecendo para si próprio um desafio, desafia publicamente os outros, e, por meio da profanação e do sacrilégio ultrajante, se revela, tirando sua máscara do cotidiano, torna possível ao espectador empreender um processo idêntico de autopenetração. Se não exibe seu corpo, mas anula-o, queima-o, liberta-o de toda resistência a qualquer impulso psíquico, então, ele não vende mais o seu corpo, mas o oferece em sacrifício. Repete a redenção; está próximo da santidade. Se tal representação deve não ser fortuita, um fenômeno que não possa ser previsto no tempo e no espaço, mas, pelo contrário, se quisermos um grupo de teatro cujo alimento seja esse tipo de trabalho, então temos de seguir um método especial de treinamento e pesquisa.

COMO É, NA PRÁTICA, O TRABALHO COM O ATOR "SANTO"?

Há um mito que conta como um ator, com uma quantidade considerável de experiência, pode construir o que nós chamamos de seu próprio "arsenal" — isto é, um acúmulo de métodos, artifícios e truques. Deles, pode escolher certo número de combinações para cada papel, e atingir assim a expressividade necessária para prender sua plateia. Esse "arsenal" ou estoque pode não ser mais que uma coleção de clichês, caso em que tal método é inseparável do conceito do "ator cortesão".

A diferença entre o "ator cortesão" e o "ator santo" é a mesma que há entre a perícia de uma cortesã e a atitude de dar e receber que existe em um verdadeiro amor: em outras palavras, autossacrifício. O fato essencial no segundo caso é a possibilidade de eliminar qualquer elemento perturbador, a fim de poder superar todo limite convencional. No primeiro caso, trata-se do problema da existência do corpo; no outro, antes, da sua não existência. A técnica do "ator santo" é uma *técnica indutiva* (isto é, uma técnica de eliminação), enquanto a do "ator cortesão" é uma *técnica dedutiva* (isto é, um acúmulo de habilidades).

O ator que realiza uma ação de autopenetração, que se revela e sacrifica a parte mais íntima de si mesmo — a mais dolorosa, e que não é atingida pelos olhos do mundo —, deve ser capaz de manifestar até o menor impulso. Deve ser capaz de expressar, por meio do som e do movimento, aqueles impulsos que estão no limite entre o sonho e a realidade. Em suma, deve ser capaz de construir sua própria linguagem psicanalítica de sons e gestos, da mesma forma como um grande poeta cria a sua linguagem própria de palavras.

Se levarmos em consideração, por exemplo, o problema do som, a plasticidade do aparelho vocal e respiratório do ator deve ser infinitamente mais desenvolvida do que a do homem na rua. Mais ainda, esse aparelho deve ser capaz de produzir reflexos sonoros tão rapidamente, para que o pensamento — que remove toda espontaneidade — não tenha tempo de intervir.

O ator deve ser capaz de decifrar todos os problemas do seu corpo que lhe sejam acessíveis. Deve saber como dirigir o ar e as partes do corpo onde o som deve ser criado e ampliado, como numa espécie de amplificador. O ator comum conhece apenas a cabeça como amplificador; isto é, usa a cabeça como caixa de ressonância para amplificar a voz, para tornar seus sons mais nobres, mais agradáveis à plateia. Pode até, de tempos em tempos, usar o corpo como amplificador. Mas o ator que pesquisa intimamente as possibilidades do seu próprio organismo descobre que o número de amplificadores é praticamente ilimitado. Ele não explora apenas a cabeça e o tórax, mas também a parte de trás da cabeça (o occipício), o nariz, os dentes, a laringe, a barriga, a espinha, bem como aquele aparelho amplificador que, na verdade, é todo o corpo — e muitos outros, alguns dos quais ainda nos são desconhecidos. Ele descobre que não basta empregar a respiração abdominal no palco. As várias fases da sua ação física exigem diferentes tipos de respiração. Descobre que a dicção aprendida na escola de teatro

O NOVO TESTAMENTO DO TEATRO

muito frequentemente provoca o fechamento da sua laringe. Deve adquirir a habilidade de abrir a laringe conscientemente, e saber quando ela está aberta ou fechada. Se não solucionar esses problemas, sua atenção será distraída pelas dificuldades que encontrará e o processo da autopenetração falhará. Se o ator está consciente de seu corpo, não pode penetrar em si mesmo e revelar-se. O corpo deve ser libertado de toda resistência. Deve, virtualmente, deixar de existir. Como acontece com a voz e a respiração, não basta que o ator aprenda a usar os diversos amplificadores, a abrir a laringe e a escolher certo tipo de respiração. Deve aprender a executar tudo isso de modo inconsciente, nas fases culminantes de sua representação; e isso exige uma série de novos exercícios.

Quando estiver trabalhando no seu papel, deve aprender a não pensar em somar elementos técnicos, mas em conseguir eliminar os obstáculos concretos que se apresentem (por exemplo, a resistência da voz).

Essas coisas não são de modo algum simples filigranas. Trata-se da diferença que decide o grau do êxito. Significa que o ator nunca possuirá uma técnica permanentemente "fechada", pois a cada degrau do seu autoescrutínio, a cada modificação, a cada *excesso*, a cada derrubada de barreiras escondidas, encontrará ele novos problemas técnicos em um nível mais alto. Ele deve, assim, aprender a sobrepujá-los também com o auxílio de certos exercícios básicos.

Isso funciona para tudo: para o movimento, a plasticidade do corpo, a gesticulação, a construção das máscaras por meio da musculatura facial, e, na verdade, para cada detalhe do corpo do ator.

Mas o fator decisivo nesse processo é a técnica de penetração psíquica do ator. Ele deve aprender a usar o papel como se fosse um bisturi de cirurgião, para dissecar. Não se trata do problema de retratar-se em certas circunstâncias dadas, ou de "viver" um papel; nem isso impõe um tipo de representação comum ao teatro épico e baseado num cálculo frio. O fato importante é o uso do papel como um trampolim, um instrumento pelo qual se estuda o que está oculto por nossa máscara cotidiana — a parte mais íntima da nossa personalidade — a fim de sácrificá-la, de expô-la.

É um excesso não só para o ator, mas também para a plateia. O espectador compreende, consciente ou inconscientemente, que se trata de um convite para que ele faça o mesmo, e isso termina por despertar oposição ou indignação, porque nossos esforços diários têm a finalidade de esconder a verdade sobre nós, não apenas do mundo, mas também de nós mesmos. Tentamos fugir da nossa verdade, enquanto aqui somos convidados a parar e tentar um olhar mais profundo. Temos medo de virarmos estátuas de sal, se olharmos para trás, como a mulher de Lot.

A realização desse ato ao qual nos referimos — a autopenetração, a revelação — exige uma mobilização de todas as forças físicas e espirituais do ator, que está num estado de ociosa disponibilidade passiva que torna possível um índice ativo de representação.

Temos de recorrer a uma linguagem metafórica para dizer que o fator decisivo nesse processo é a humildade, uma predisposição espiritual: não para *fazer* algo, mas para impedir-se de fazer algo, senão o excesso se torna uma impudência, em vez de um sacrifício. Isso significa que o ator deve representar em um estado de transe.

O transe, como eu entendo, é a possibilidade de concentrar-se numa forma teatral particular, e pode ser obtido com um mínimo de boa vontade.

O NOVO TESTAMENTO DO TEATRO

Se eu tivesse de expressar tudo isso numa só frase, diria que se trata de doar-se. Devemos nos doar totalmente, em nossa mais profunda intimidade, com confiança, como nos doamos no amor. Aí está a chave. A autopenetração, o transe, o *excesso*, a disciplina formal — tudo isso pode ser realizado, desde que nos tenhamos entregue totalmente, humildemente, sem defesas. Esse ato culmina num clímax. Traz alívio. Nenhum desses exercícios nos vários campos do treinamento do ator deve ser superficial. Deve desenvolver um sistema de alusões que conduzam a um ilusivo e indescritível processo de autodoação.

Tudo isso pode soar estranho e lembrar uma espécie de charlatanismo. Para usarmos fórmulas científicas podemos dizer que se trata de um emprego particular da sugestão, tendo como objetivo uma realização *ideoplástica*. Pessoalmente, devo admitir que nunca recuamos no uso dessas fórmulas de "charlatães". Tudo que tenha um halo fora do comum e mágico estimula a imaginação, tanto do ator quanto do produtor.

Acredito que devemos desenvolver uma anatomia especial do ator; por exemplo, encontrar os vários centros de concentração do corpo, para as diferentes formas de representar, procurar as áreas do corpo que o ator sente, algumas vezes, como suas fontes de energia. A região lombar, o abdome e a área em volta do *plexus* solar muitas vezes funcionam como uma fonte.

Fator essencial nesse processo é a elaboração de um controle para a forma, a artificialidade. O ator que cumpre um ato de autopenetração empreende uma viagem que é registrada através de vários reflexos sonoros e gestos, formulando uma espécie de convite ao espectador. Mas tais sinais devem ser articulados. A falta de expressividade está sempre relacionada com certas contradições e discrepâncias. Uma autopenetração indisciplinada não é uma liberação, mas é percebida como uma forma de caos biológico.

COMO VOCÊ COMBINA ESPONTANEIDADE COM DISCIPLINA FORMAL?

A elaboração da artificialidade é um problema de ideogramas — sons e gestos, que evocam associações no psiquismo da plateia. Lembra o trabalho de um escultor num bloco de pedra: o uso consciente do martelo e do cinzel. Consiste, por exemplo, na análise do reflexo da mão durante um processo psíquico, e seu sucessivo desenvolvimento ao longo do ombro, do cotovelo, do punho, dos dedos, a fim de decidir como cada fase desse processo pode ser expressa através de um sinal, de um ideograma, que transmite instantaneamente as motivações escondidas do ator ou luta contra elas.

Essa elaboração da artificialidade — da rédea orientadora que é a forma — muitas vezes se baseia em uma busca consciente em nosso organismo, atrás de formas cujas linhas exteriores sentimos, embora sua realidade ainda nos escape. Presumimos que tais formas já existem, completas, dentro do nosso organismo. Aqui, tocamos num tipo de representação que, como arte, está mais próxima da escultura que da pintura. A pintura envolve a soma das cores, enquanto o escultor elimina o que esconde a forma, como se ela já existisse dentro do bloco de pedra, revelando-a dessa forma, em vez de criá-la.

Essa procura da artificialidade requer, por sua vez, uma série de exercícios extras, formando uma miniatura de tabela para cada parte do nosso corpo. De qualquer modo, o princípio decisivo permanece o seguinte: quanto mais nos absorvemos no que está

O NOVO TESTAMENTO DO TEATRO

escondido dentro de nós, no excesso, na revelação, na autopenetração, mais rígidos devemos ser nas disciplinas externas; isso quer
dizer a forma, a artificialidade, o ideograma, o gesto. Aqui reside
todo o princípio da expressividade.

QUE ESPERA VOCÊ DO ESPECTADOR NESSE TIPO DE TEATRO?

Nossos postulados não são novos. Exigimos das pessoas as mesmas
coisas que todo verdadeiro trabalho de arte exige, seja a pintura,
a escultura, a música, a poesia ou a literatura. Não satisfazemos o
espectador que vai ao teatro para cumprir uma necessidade social
de contato com a cultura: em outras palavras, para ter alguma
coisa de que falar a seus amigos e poder dizer que viu esta ou
aquela peça, que foi muito interessante. Não estamos no teatro
para satisfazer sua "sede cultural". Isso é trapaça.

Tampouco satisfazemos o homem que vai ao teatro divertir-se
depois de um dia de trabalho. Todo mundo tem o direito de divertir-se depois de um dia de trabalho, e há inúmeras formas de
divertimento para esse propósito, como certos tipos de filmes
de cabaré e *music-hall*, e muitas outras coisas parecidas.

Estamos interessados no espectador que sinta uma genuína
necessidade espiritual, e que realmente deseje, por meio de um
confronto com a representação, analisar-se. Estamos interessados
no espectador que não para num estágio elementar de integração
psíquica, satisfeito com sua mesquinha estabilidade espiritual,
geométrica, sabendo exatamente o que é bom e o que é ruim sem
jamais pôr-se em dúvida. Não foi para ele que El Greco, Norwid,
Thomas Mann e Dostoiévski falaram, mas para aquele que empreende um processo interminável de autodesenvolvimento, e

cuja inquietação não é geral, mas dirigida para uma procura da verdade de si mesmo e da sua missão na vida.

ISSO SIGNIFICA UM TEATRO PARA A ELITE?

Sim, mas para uma elite não determinada pelo nível social nem pela situação financeira do espectador, e nem mesmo pela educação. O trabalhador que nunca teve uma educação secundária pode desenvolver esse processo criativo de autopesquisa, enquanto o professor universitário pode estar morto, permanentemente formado, amoldado na terrível rigidez de um cadáver. Isso deve ficar claro desde o início. Não estamos interessados em nenhuma determinada plateia, mas sim em uma plateia especial.

Não podemos saber se o teatro ainda é necessário atualmente, uma vez que todas as atrações sociais, os divertimentos, os efeitos de forma e cor foram tomados pelo cinema e pela televisão. Todo mundo repete a mesma pergunta retórica: o teatro é necessário? Mas nós só a fazemos para poder responder: sim, é, porque se trata de uma arte sempre jovem e necessária. A venda das montagens é organizada em larga escala. Entretanto, não se organizam as apresentações dos filmes e da televisão da mesma maneira. Se todos os teatros fossem fechados um dia, uma grande porcentagem do povo não tomaria conhecimento disso durante algumas semanas; mas se os cinemas e a televisão fossem eliminados, toda a população no mesmo dia entraria em grande alvoroço. Muita gente de teatro está consciente desse problema, mas tenta resolvê-lo de forma errada: já que o cinema domina o teatro do ponto de vista técnico, por que não fazer o teatro mais técnico? Inventam novos palcos, mudam os cenários com enorme velocidade, complicam

O NOVO TESTAMENTO DO TEATRO

a iluminação e os cenários etc., mas nunca conseguem atingir a capacidade técnica de um filme ou da televisão. O teatro deve reconhecer suas próprias limitações. Se não pode ser mais rico que o cinema, então assuma sua pobreza. Se não pode ser superabundante como a televisão, assuma seu ascetismo. Se não pode ser uma atração técnica, renuncie a qualquer pretensão técnica. Dessa forma, chegamos ao ator "santo" e ao teatro pobre.

Existe apenas um elemento que o cinema e a televisão não podem tirar do teatro: a proximidade do organismo vivo. Por causa disso, toda modificação do ator, cada um dos seus gestos mágicos (incapazes de serem reproduzidos pela plateia) torna-se qualquer coisa de muito grande, algo de extraordinário, algo próximo do êxtase. Por isso, é necessário abolir a distância entre o ator e a plateia, através da eliminação do palco, da remoção de qualquer fronteira. Deixemos que a cena mais drástica aconteça face a face com o espectador, de modo a que ele esteja de braços com o ator, possa sentir sua respiração e seu cheiro. Isso condiciona a necessidade de um teatro de câmara.

COMO PODE ESSE TEATRO EXPRESSAR A INQUIETAÇÃO QUE, COMO TEMOS O DIREITO DE SUPOR, VARIA DE UM INDIVÍDUO PARA OUTRO?

Para que o espectador seja estimulado a uma autoanálise, quando confrontado com o ator deve existir algo em comum a ligá-los, algo que possa ser desmanchado com um gesto, ou mantido com adoração. Portanto, o teatro deve atacar o que se chama de complexos coletivos da sociedade, o núcleo do subconsciente coletivo, ou talvez do superconsciente (não importa como seja chamado), aqueles mitos que não constituem invenções da mente, mas que são, por assim dizer, herdados através de um sangue, uma religião, uma cultura e um clima.

Estou pensando em coisas que são tão elementares e tão intimamente associadas, que seria difícil para nós submetê-las a uma análise racional. Por exemplo, os mitos religiosos: o mito de Cristo e Maria; os mitos biológicos: o nascimento e a morte, o simbolismo do amor, ou, em um sentido mais vasto, Eros e Thanatos; os mitos nacionais, que são muito difíceis de ser enunciados em fórmulas, embora sua presença se faça sentir no nosso sangue quando lemos a Parte II de *Forefathers' Eve*, de Mickiewicz, o *Kordian*, de Slowacki, ou a Ave-Maria.

Uma vez mais, não existe problema na pesquisa especulativa de certos elementos reunidos numa montagem. Se começamos nosso trabalho, em uma montagem teatral ou em um papel, violando o mais íntimo do nosso ser, procurando aquelas coisas que mais possam nos ferir, mas que ao mesmo tempo nos dão um sentimento total de uma verdade purificante, que finalmente nos traz a paz, então inevitavelmente terminaremos chegando às *representações coletivas*. Devemos estar familiarizados com esse conceito, para não perdermos o seu sentido real, já que o alcançamos. Mas isso não pode ser imposto a ninguém de imediato.

Como funciona tal coisa em uma montagem teatral? Não pretendo dar exemplos aqui. Penso que existe uma explanação suficiente na descrição de *Akropolis*, *Dr. Fausto* ou outras montagens. Quero apenas chamar atenção para uma característica especial dessas montagens teatrais, que combinam a fascinação com uma negação excessiva, uma aceitação e uma rejeição, um ataque àquilo que é sagrado (*representações coletivas*), profanação e adoração.

O NOVO TESTAMENTO DO TEATRO

Para iluminar esse processo particular de provocação na plateia, devemos nos afastar do trampolim representado pelo texto, e que já está sobrecarregado de um sem-número de associações gerais. Para isso, precisamos ou de um texto clássico, ao qual, por meio de uma espécie de profanação, restituímos ao mesmo tempo sua verdade, ou de um texto moderno, que pode ser banal e estereotipado no seu conteúdo, mas, apesar disso, enraizado no psiquismo da sociedade.

O ATOR "SANTO" NÃO SERÁ UM SONHO? O CAMINHO DA SANTIDADE NÃO ESTÁ ABERTO A TODOS. SÓ OS POUCOS ESCOLHIDOS PODEM TRILHÁ-LO.

Como eu já disse, não devemos tomar a palavra "santo" no sentido religioso. Trata-se mais de uma metáfora, definindo uma pessoa que, por meio de sua arte, transcende seus limites e realiza um ato de autossacrifício. Claro, você tem razão; é infinitamente difícil tentar reunir uma trupe de atores "santos". É muito mais fácil encontrar um espectador "santo" — no sentido que eu dou à palavra —, mas ele só vem ao teatro por um breve momento, a fim de fazer um acerto de contas consigo próprio, e isso é algo que não pode ser imposto pela dura rotina do trabalho diário.

Será a santidade, então, um postulado irreal? Creio que é tão bem fundado quanto o do movimento à velocidade da luz. Com isso, quero dizer que, mesmo sem atingi-lo, podemos nos mover consciente e sistematicamente naquela direção, conseguindo assim resultados práticos.

A representação é uma arte particularmente ingrata. Morre com o ator. Nada lhe sobrevive, a não ser as críticas, que usualmente não lhe fazem muita justiça, seja ele bom ou ruim. Por isso, sua única fonte de satisfação está na reação da plateia. No teatro pobre, isso não significa flores e aplausos intermináveis, mas um silêncio especial, no qual há muito de fascínio, mas também um pouco de indignação, e até de repugnância, que o espectador dirige não exatamente para ele, mas para o teatro. É difícil atingir um nível psíquico que nos habilite a suportar uma tal pressão.

Tenho certeza de que todo ator, pertencendo a um tal teatro, muitas vezes sonha com imensas ovações, ouvir o seu nome gritado, ser coberto de flores ou ver-se alvo de outros símbolos costumeiros no teatro comercial. O trabalho do ator é também ingrato por causa da incessante supervisão a que está sujeito. Não é como ser criativo em um escritório, sentado diante de uma mesa, mas debaixo do olhar do diretor, que, mesmo no teatro baseado na arte do ator, exige dele numa escala muito maior do que no teatro normal, impelindo-o a um sempre crescente aumento de esforços que lhe são muito dolorosos.

Isso pode ser insuportável se o diretor não possuir grande autoridade moral, se seus postulados não forem evidentes e se não existir um elemento de confiança mútua inclusive além dos limites do consciente. Mas, até nesse caso, ele é ainda um tirano e o ator deve dirigir contra ele certas reações mecânicas inconscientes, como faz o aluno contra o professor, o paciente contra o médico, ou o soldado contra os superiores.

O teatro pobre não oferece ao ator a possibilidade do sucesso instantâneo. Desafia o conceito burguês de ter um padrão de vida. Propõe a substituição da riqueza material pela riqueza moral como o principal objetivo da vida. No entanto, quem não alimenta um desejo secreto de atingir um sucesso estrondoso? Isso também

O NOVO TESTAMENTO DO TEATRO

pode ocasionar oposição e reações negativas, mesmo se essa ideia não estiver claramente formulada. Trabalhar desse modo nunca é estável. Quem não procura estabilidade e segurança, de uma forma ou de outra? Quem não espera viver amanhã, no mínimo, tão bem quanto hoje? Mesmo que se aceite conscientemente um tal *status*, inconscientemente se procura em volta algo que reconcilie o fogo com a água, a "santidade" com a vida de "cortesão".

No entanto, a atração dessa situação paradoxal é suficientemente forte para eliminar todas as intrigas, invejas e brigas sobre papéis, que fazem parte do dia a dia da vida dos outros teatros. Mas gente é gente, e períodos de depressão e de raivas reprimidas não podem ser evitados.

É digna de menção, porém, a satisfação que esse trabalho pode trazer. O ator que, nesse processo especial de disciplina e de autossacrifício, autopenetração e amoldamento, não tem medo de ir além de todos os limites normalmente aceitáveis, atinge uma espécie de harmonia interior e de paz de espírito. Torna-se, literalmente, muito mais vibrante de mente e de corpo, e sua maneira de viver é muito mais normal do que a do ator do teatro rico.

ESTE PROCESSO DE ANÁLISE É UMA ESPÉCIE DE DESINTEGRAÇÃO DA ESTRUTURA PSÍQUICA. NÃO CORRERÁ O ATOR O PERIGO, DO PONTO DE VISTA DE HIGIENE MENTAL, DE ULTRAPASSAR OS LIMITES?

Não, desde que se entregue cem por cento a seu trabalho. É o trabalho feito pela metade, superficialmente, que é psiquicamente doloroso e desfaz o equilíbrio. Se só nos entregarmos superficialmente nesse processo de análise e abandono — e isso pode produzir amplos efeitos estéticos —, quer dizer, se retivermos

EM BUSCA DE UM TEATRO POBRE

nossa máscara cotidiana de mentiras, então testemunhamos um conflito entre a máscara e nós mesmos. Mas se esse processo é levado ao seu limite extremo, poderemos, conscientemente, tirar a máscara cotidiana, sabendo agora a que objetivos ela serve e o que ocultava. Essa é uma confirmação não do negativo que existe em nós, mas do positivo, não do que é mais pobre, mas do que é mais rico. Também conduz a uma liberação de complexos, como em uma terapia psicanalítica.

O mesmo se aplica ao espectador. O integrante de uma plateia que aceita o convite do ator, e de certo modo segue o seu exemplo, ativando-se da mesma forma, deixa o teatro em um estado de maior harmonia interior. Mas aquele que luta, a todo custo, para manter a sua máscara de mentiras intacta, deixa o espetáculo ainda mais confuso. Estou convencido de que, no todo, mesmo no último caso, o espetáculo apresenta uma forma de psicoterapia social, embora para o ator seja uma terapia apenas se ele tiver se entregue inteiramente à sua tarefa.

Há certos perigos. É muito menos arriscado ser Zé da Silva a vida inteira a ser Van Gogh. Mas, plenamente conscientes de nossa responsabilidade social, devemos desejar que existam mais Van Goghs do que Zés da Silva, mesmo que a vida seja muito mais simples para os últimos. Van Gogh é exemplo de um processo incompleto de integração. Sua queda é a expressão de um desenvolvimento que nunca foi completado. Se olharmos as grandes personalidades, como, por exemplo, Thomas Mann, eventualmente encontraremos certa forma de harmonia.

PARECE-ME QUE O DIRETOR TEM UMA GRANDE RESPONSABILIDADE NESSE PROCESSO AUTOANALÍTICO DO ATOR. COMO É QUE ESSA

INTERDEPENDÊNCIA SE MANIFESTA, E QUAIS PODEM SER AS CONSE-QUÊNCIAS DE UMA AÇÃO ERRADA DE SUA PARTE?

Este é um ponto vitalmente importante. À luz do que acabei de dizer isso pode soar mais ou menos estranho.

O espetáculo cria uma espécie de conflito psíquico com o espectador. Trata-se de uma modificação e de uma violência, mas só pode ter algum efeito quando baseado num interesse humano e, mais do que isso, num sentimento de simpatia, em um sentimento de aceitação. Da mesma forma, o diretor só pode ajudar o ator nesse processo complexo e agônico se for tão emocional e ardorosamente aberto para o ator quanto o ator o é em relação a ele. Não acredito na possibilidade de atingir efeitos por meio de cálculos frios. Uma espécie de calor para com nossos companheiros é essencial — uma compreensão das contradições do homem, e do fato de que ele é uma criatura sofredora, e não alguém a ser condenado.

Esse elemento de abertura é tecnicamente tangível. Tão somente se for recíproco pode esse elemento capacitar o ator a empreender os esforços mais extremos, sem qualquer medo de ser ridicularizado ou humilhado. O tipo de trabalho que cria tal confiança torna as palavras desnecessárias durante os ensaios. Durante o trabalho, o murmúrio de um som e, algumas vezes, até o silêncio podem bastar para nos fazer compreendidos. O que nasce no ator é engendrado junto, mas no final o resultado é muito mais uma parte dele do que aqueles resultados obtidos nos ensaios do teatro "normal".

Acredito que lidamos aqui com uma "arte" de trabalhar que é impossível de ser reduzida a uma fórmula, e não pode ser simplesmente aprendida. Assim como nem todo médico é necessariamente um bom psiquiatra, também nem todo diretor é bem-sucedido nessa forma de teatro. O princípio a ser aplicado como um tipo de conselho, e também de aviso, é o seguinte: *Primum non nocere* (Primeiro, não faça mal). Traduzindo para uma linguagem técnica: é melhor sugerir, por meio de sons e gestos, do que "representar" diante do ator ou ajudá-lo com explanações intelectuais; melhor expressar-se com um silêncio ou um piscar de olho do que por meio de instruções, observando os estágios na crise psicológica e no colapso do ator para correr em seu auxílio. O segundo princípio é comum a todas as profissões: se exiges de teus colegas, deves exigir duas vezes mais de ti mesmo.

ISSO SIGNIFICA QUE, PARA TRABALHAR COM O ATOR "SANTO", O DIRETOR DEVE SER DUAS VEZES "SANTO"; ISTO É, UM "SUPER SANTO", QUE COM O SEU CONHECIMENTO E A SUA INTUIÇÃO QUEBRA OS LIMITES DA HISTÓRIA DO TEATRO, E QUE DEVE ESTAR ATUALIZADÍSSIMO COM OS ÚLTIMOS RESULTADOS DE CIÊNCIAS COMO PSICOLOGIA, ANTROPOLOGIA, INTERPRETAÇÕES DO MITO E HISTÓRIA DAS RELIGIÕES.

Tudo o que eu disse sobre o lado mesquinho do ator deve ser aplicado também ao diretor. Para desenvolver a metáfora do "ator cortesão", o equivalente para o diretor deve ser "diretor-coronel". E como é impossível erradicar completamente o lado cortesão do ator, o mesmo acontece com o lado *coronel* do diretor.

O trabalho do diretor exige um certo *savoir-faire* tático, principalmente na arte da liderança. Falando de modo geral, esse tipo de poder desmoraliza. Condiciona a necessidade de saber conduzir as pessoas. Exige uma vocação para a diplomacia, um talento frio e desumano para desfazer as intrigas. Essas características acom-

O NOVO TESTAMENTO DO TEATRO

panham o diretor como uma sombra, até no teatro pobre. O que podemos chamar de componente masoquista do ator é a variante negativa do que é criativo no diretor, que se apresenta na forma de um componente sádico. Aqui, como em toda parte, as trevas são inseparáveis da luz.

Quando me coloco contra as coisas pela metade, a mediocridade e as atitudes cômodas, é simplesmente porque devemos criar coisas que estejam firmemente orientadas para a luz ou para as trevas. Mas devemos sempre lembrar que o que é luminoso dentro de nós contém uma parte de escuridão, que podemos penetrar, mas nunca aniquilar.

SEGUNDO O QUE VOCÊ DISSE, O "SAGRADO" NO TEATRO PODE SER CONSEGUIDO POR MEIO DE UMA DISCIPLINA PSÍQUICA PARTICULAR E DE VÁRIOS EXERCÍCIOS FÍSICOS. NAS ESCOLAS DE TEATRO, NO TEATRO TRADICIONAL COMO NO EXPERIMENTAL, NÃO EXISTE TAL TENDÊNCIA, NENHUMA TENTATIVA OBJETIVA DE ELABORAR NADA IDÊNTICO. COMO SE PODE PREPARAR O CAMINHO PARA O TREINAMENTO DOS ATORES E PRODUTORES "SANTOS"? ATÉ ONDE É POSSÍVEL CRIAR TEATROS "MONÁSTICOS", EM OPOSIÇÃO AO TEATRO "PAROQUIAL" COTIDIANO?

Não acredito que a crise do teatro possa ser separada de outras crises do processo da cultura contemporânea. Um dos seus elementos essenciais — o desaparecimento do sagrado e de sua função ritual no teatro — é um resultado do óbvio e provavelmente inevitável declínio da religião. Estamos falando, ao contrário, sobre a possibilidade de criar um *sacrum* secular no teatro. O problema é: pode o atual estágio de desenvolvimento da civilização tornar esse postulado uma realidade em escala coletiva?

EM BUSCA DE UM TEATRO POBRE

Não tenho resposta para essa pergunta. Devemos contribuir para sua realização, pois uma conscientização secular, em vez da religiosa, parece ser uma necessidade psicossocial para a sociedade. Essa transição deveria acontecer, mas isso não significa que necessariamente aconteça. Acredito que existe, de certa forma, uma regra ética, como a que diz que o homem não deve agir como lobo do seu irmão homem. Mas, como todos sabemos, tais regras nem sempre são aplicadas.

De qualquer modo, tenho certeza de que essa renovação não virá do teatro dominante. No entanto, ao mesmo tempo, existem e existiram umas poucas pessoas, no teatro oficial, que devem ser consideradas como santos seculares: Stanislavski, por exemplo. Ele afirmava que os sucessivos estágios do despertar e da renovação no teatro tiveram seus primórdios entre os amadores, e não nos círculos dos profissionais endurecidos e desmoralizados. Isso também foi confirmado pela experiência de Vakhtangov; ou, para tirar um exemplo de outra cultura, pelo teatro Nô japonês, que, devido à capacidade técnica que exige, poderia ser descrito como uma "superprofissão", embora sua estrutura o torne um teatro semiamador. De onde pode vir essa renovação? De pessoas insatisfeitas com as condições do teatro normal, que assumam a tarefa de criar teatros pobres, com poucos atores, "conjuntos de câmara" que possam ser transformados em institutos para educação dos atores; ou ainda de amadores, trabalhando nas fronteiras do teatro profissional, e que por conta própria atingiram uma técnica superior à exigida no teatro dominante; em suma, de uns poucos loucos que não tenham nada a perder, e que tampouco temam um trabalho exaustivo.

Parece-me essencial fazer um esforço para organizar escolas secundárias de teatro. O ator começa a aprender sua profissão muito tarde, quando já está psiquicamente formado e, pior ainda, moralmente moldado; e imediatamente começa a sofrer tendências arrivistas, característica de grande número de alunos de escola de teatro.

A idade é tão importante para a educação do ator quanto para o pianista ou o dançarino — isto é, não se deve ter mais de 14 anos para começar. E se fosse possível, eu sugeriria o início até em idade mais jovem, com um curso técnico de quatro anos, de exercícios técnicos e concentrados. Ao mesmo tempo, o aluno deveria receber uma educação humanística adequada, apoiada não em um acúmulo de amplos conhecimentos da literatura, de história do teatro, e assim por diante, mas em um despertar da sua sensibilidade, apresentando-o aos fenômenos mais estimulantes da cultura mundial.

A educação secundária do ator deveria ser, depois, complementada por quatro anos de trabalho como aprendiz de ator, com um grupo laboratório, tempo em que ele não só adquiriria uma grande soma de experiência em representação, mas também continuaria seus estudos nos campos da literatura, pintura, filosofia etc., em um nível necessário à sua profissão, e não com a finalidade de brilhar numa sociedade pernóstica. Ao completar seus quatro anos de trabalho prático, em um Teatro Laboratório, o estudante deveria receber uma espécie de diploma. Assim, depois de oito anos de trabalho desse tipo, o ator estaria comparativamente bem equipado para enfrentar a profissão. Não teria escapado aos perigos que ameaçam todo o ator, mas suas capacidades seriam muito maiores, e seu caráter estaria moldado com muito mais firmeza. A solução ideal seria estabelecer institutos de pesquisa, que seriam dirigidos com pobreza e rigorosa autoridade. O orçamento para sustentar um instituto assim seria a metade do que é gasto pelo Estado para sustentar um teatro provinciano. Sua equipe dirigente seria composta de um pequeno grupo de especialistas em problemas associados com o teatro: um psicanalista e um antropólogo social, por exemplo. Haveria um grupo de atores de Teatro Laboratório normal, e um grupo de pedagogos de escola secundária de teatro, mais uma editora, para imprimir os resultados práticos que seriam intercambiados com outros centros idênticos e enviados a pessoas que fazem pesquisas em campos afins. É absolutamente essencial que toda pesquisa desse tipo seja supervisionada por um ou mais críticos, que, de fora — mais ou menos como o advogado do diabo —, analise as deficiências do teatro, e que baseie seus julgamentos em princípios estéticos idênticos aos do teatro normal. Como você sabe, Ludwik Flaszen tem essa tarefa no nosso grupo.

COMO PODE TAL TEATRO REFLETIR O NOSSO TEMPO? FALO DO CONTEÚDO E DA ANÁLISE DOS PROBLEMAS ATUAIS.

Responderei de acordo com as experiências de nosso teatro. Embora usemos com frequência textos clássicos, nosso teatro é contemporâneo, na medida em que confronta nossas raízes com nosso comportamento e nossos estereótipos correntes, e dessa forma apresenta o nosso "hoje" em relação com o "ontem", e o nosso "ontem" com o "hoje". Mesmo se esse teatro usa uma linguagem elementar de gestos e sons — compreensível, além do valor semântico da palavra, até para uma pessoa que não compreenda a língua na qual a peça é representada — tal teatro deve ser nacional, uma vez que se baseia na introspecção e no todo do nosso superego social, que foi moldado em um clima nacional particular, tornando-se assim uma parte dele.

O NOVO TESTAMENTO DO TEATRO

Se desejamos, na verdade, pesquisar profundamente dentro da lógica de nossa consciência e do nosso comportamento, e atingir seus pontos mais recônditos, seu motor secreto, então o sistema integral de símbolos construído na montagem deve apelar para a nossa experiência, para a realidade que nos surpreendeu e nos modelou, para esta linguagem de gestos, murmúrios, sons e entonações extraída das ruas, dos trabalhos, dos cafés — em suma, de todo comportamento humano que tenha deixado uma impressão em nós.

Falamos de profanação. O que, na realidade, será isso, senão um tipo de falta de tato baseado no confronto brutal entre nossas declarações e nossas ações diárias, entre as experiências de nossos antepassados, que vivem dentro de nós, e nossa busca por uma vida confortável ou nossa concepção de luta da sobrevivência, entre nossos complexos individuais e os da sociedade como um todo?

Isso significa que cada montagem clássica é como se nos olhássemos num espelho, víssemos nossas ideias e tradições, e não apenas a descrição do que pensaram e fizeram os homens dos séculos passados.

Toda a montagem construída sobre um tema contemporâneo é um encontro entre os traços superficiais do dia de hoje e suas raízes profundas, seus motivos escondidos. A montagem é nacional porque é uma pesquisa sincera e absoluta no nosso ego histórico; é realista porque é um excesso de verdade; é social porque é um desafio ao ser social, o espectador.

Teatro é encontro

Em junho de 1967, durante a Expo-67, no Canadá, Jerzy Grotowski compareceu a um simpósio internacional de teatro, em Montreal. Durante sua permanência, concedeu a seguinte entrevista a Naim Kattan, que foi publicada em *Arts et Lettres, Le Devoir* (julho, 1967).

EM UMA DE SUAS DECLARAÇÕES, VOCÊ DISSE QUE O TEATRO PODE EXISTIR SEM FIGURINOS NEM CENÁRIOS, SEM EFEITOS MUSICAIS OU LUMINOSOS — E ATÉ SEM UM TEXTO. VOCÊ ACRESCENTOU: "NO DESENVOLVIMENTO DA ARTE TEATRAL, O TEXTO FOI UM DOS ÚLTIMOS ELEMENTOS A SER ADICIONADO." HÁ, EM SUA OPINIÃO, UM ÚNICO ELEMENTO QUE O TEATRO NÃO PODE DISPENSAR — O ATOR. NO ENTANTO, DESDE A *COMMEDIA DELL'ARTE* EXISTEM DRAMATURGOS. DEVE O DIRETOR DE HOJE DESRESPEITAR UMA TRADIÇÃO DE DIVERSOS SÉCULOS? QUE LUGAR VOCÊ CONFERE AO TEXTO, COMO DIRETOR?

Este não é o âmago do problema. O âmago é o encontro. O texto é uma realidade artística, existente num sentido objetivo. Ora, se o texto for suficientemente velho, e se preservou todas as suas forças até hoje — em outras palavras, se o texto contém certas concentrações de experiências humanas, representações, ilusões, mitos e verdades que ainda são válidos para nós, hoje — então o texto torna-se uma mensagem que recebemos das gerações anteriores. Todo o valor do texto já está presente, uma vez escrito: isso é literatura, e nós podemos ler peças como parte da "literatura". Na França, às peças publicadas em forma de livro é dado o nome de *Teatro* — um engano, em minha opinião, pois isso não é teatro, e sim literatura dramática. Diante dessa literatura, podemos tomar uma destas duas posições: ou ilustramos o texto, por meio da interpretação dos atores, a montagem, o cenário, a situação da peça, e nesse caso o resultado não é teatro, sendo o único elemento vivo, em tal montagem, a literatura; ou ignoramos, virtualmente, o texto, tratando-o apenas como um pretexto, fazendo interpolações e modificações, e reduzindo-o a nada. Sinto que essas duas soluções são falsas, porque nos dois casos não estaremos cumprindo nosso dever como artistas, mas tentando cumprir certas regras — e a arte não gosta de regras. As obras-primas são sempre baseadas na transcendência das regras. Embora, é claro, o teste se verifique na montagem.

Tomemos, por exemplo, Stanislavski. Seu plano era compreender todas as intenções dos dramaturgos, criar um teatro literário. E quando falamos do estilo de Tchecov, na verdade estamos aludindo ao estilo das montagens que Stanislavski fazia das peças de Tchecov. Na realidade, Tchecov protestou quanto a isso, ao dizer: "Escrevi *vaudevilles* e Stanislavski pôs dramas sentimentais no palco." Stanislavski era um artista genuíno; compreendeu involuntariamente o *seu* Tchecov, e não um Tchecov objetivo. Meyerhold, por sua vez, propôs, com a melhor boa-fé, um teatro autônomo com relação à literatura. Mas acredito que ele é o único exemplo, na história do teatro, de realização de uma montagem tão profundamente enraizada no espírito de Gogol, no seu sentido mais profundo. *O inspetor geral*, de Meyerhold, era uma espécie de colagem dos textos de Gogol. Por conseguinte, não são as nossas boas ideias, mas à nossa prática, que constitui o verdadeiro teste.

TEATRO É ENCONTRO

QUAL A TAREFA DO TEATRO EM RELAÇÃO À LITERATURA?

A essência do teatro é um encontro. O homem que realiza um ato de autorrevelação é, por assim dizer, o que estabelece contato consigo mesmo. Quer dizer, um extremo confronto, sincero, disciplinado, preciso e total — não apenas um confronto com seus pensamentos, mas um encontro que envolve todo o seu ser, desde os seus instintos e seu inconsciente até o seu estado mais lúcido.

O teatro é também um encontro entre pessoas criativas. Sou eu, o diretor, que me defronto com o ator, e a autorrevelação do ator me dá a revelação de mim mesmo. Os atores e eu nos defrontamos com o texto. No entanto, não podemos expressar o que é objetivo no texto, e na realidade só os textos fracos nos dão uma única possibilidade de interpretação. Todos os grandes textos representam uma espécie de abismo para nós. Vejamos *Hamlet*: um sem-número de livros foi escrito, livros dedicados a esse personagem. Os professores nos dirão, cada um a seu modo, que descobriram um Hamlet objetivo. Sugerem-nos Hamlets revolucionários, Hamlets rebeldes e impotentes, Hamlet, o marginal etc. Mas não existe nenhum Hamlet objetivo. O trabalho é demasiado grande para isso. A força das grandes obras reside no seu efeito catalítico: abrem portas para nós, colocam em movimento a maquinária da nossa autossuficiência. Meu encontro com o texto lembra o meu encontro com o ator, e o dele comigo. Para o ator e o diretor, o texto do autor é uma espécie de bisturi que nos possibilita uma abertura, uma autotranscendência, ou seja, encontrar o que está escondido dentro de nós e realizar o ato de encontrar os outros: em outras palavras, transcender nossa solidão. No teatro, se me permite, o texto tem a mesma função que o mito tinha para o poeta dos tempos antigos. O autor de *Prometeu* encontrou no mito de Prometeu tanto de desafio quanto de abertura, talvez até mesmo a fonte de sua criação. Mas o seu *Prometeu* foi produto da sua experiência pessoal. É tudo o que eu posso dizer sobre isso; o resto não importa. Repito: podemos representar o texto na sua íntegra, podemos modificar toda a sua estrutura, ou fazer uma espécie de colagem. Podemos, por outro lado, fazer adaptações e interpolações. Em nenhum desses casos trata-se de criação teatral, mas de literatura. Brecht deu exemplos de tratamento de outros autores, e o mesmo fez Shakespeare. No meu caso, não desejo nem a interpenetração literária nem o tratamento literário, pois ambos estão além da minha competência, uma vez que meu campo de ação é o da criação teatral. Para mim, criador de teatro, o importante não são as palavras, mas o que fazemos delas, o que confere vida às palavras inanimadas do texto, o que as transforma em "A Palavra". Vou mais longe: o teatro é uma ação engendrada pelas reações e impulsos humanos, pelos contatos entre as pessoas. Trata-se de um ato tão biológico quanto espiritual. Deixemos bem claro que não estou dizendo que se deva fazer amor com a plateia — isso nos condicionaria a uma espécie de artigo de consumo.

DE QUALQUER FORMA, PARA FAZER SUAS MONTAGENS, VOCÊ ESCO-LHE TEXTOS E AUTORES. QUE É QUE ORIENTA SUA ESCOLHA? POR QUE ESTA PEÇA E NÃO AQUELA, ESTE AUTOR E NÃO AQUELE?

O encontro resulta de um fascínio. Implica uma luta, e também algo tão idêntico, em profundidade, que existe uma identidade entre aqueles que tomam parte no encontro. Todo diretor deve procurar encontros que se afinem com a sua natureza. Para mim, isso significa os grandes poetas românticos da Polônia. Mas tam-

TEATRO É ENCONTRO

bém significa Marlowe e Calderón. Quero deixar bem claro que gosto muito dos textos que pertencem à grande tradição. Para mim, os primeiros são como vozes dos meus ancestrais, e os últimos, vozes que nos vêm das fontes da nossa cultura europeia. Esses trabalhos me fascinam porque me dão a possibilidade de um confronto sincero — um brusco e brutal confronto, de um lado, com as crenças e as experiências da vida de uma geração anterior, e do outro, com nossas experiências e nossos preconceitos.

EXISTE, EM SUA OPINIÃO, ALGUMA RELAÇÃO ENTRE UM TRABALHO DRAMÁTICO E A ÉPOCA EM QUE ELE FOI CRIADO?

Sim, existe na verdade um relacionamento dentro do contexto histórico do texto, entre a época e o texto. Mas não é o contexto que decide a nossa inclinação e nossa vontade de nos confrontar com esses trabalhos. É o contexto das minhas experiências cotidianas que decidem a minha escolha. Tomemos um exemplo: Homero. Por que estudamos a *Odisseia* e a *Ilíada*, atualmente? Para nos informarmos da vida social e cultural do povo daquela época? Talvez sim — mas isso é um trabalho para professores. Na perspectiva da arte, as obras estão sempre vivas. As personagens da *Odisseia* são ainda atuais porque ainda existem peregrinos. Nós também somos peregrinos. A peregrinação deles é diferente da nossa, e é por isso que lançam uma nova luz sobre a nossa própria condição.

Não se deve fazer muita especulação no campo da arte. A arte não é a fonte da ciência. É a experiência que adquirimos quando nos abrimos para os outros, quando nos confrontamos com eles, a fim de nos compreendermos melhor — não no sentido científico de recriação do contexto de uma época na história, mas em um sentido elementar e humano. E na longa procissão das mães sofredoras não é o contexto histórico de Níobe que nos interessa. Claro, o passado é ainda tão presente que ainda podemos ouvir e entender suas vozes. A voz de Níobe pode nos parecer estranha. É, sem dúvida, bastante diferente daquela de uma mãe chorando por seu filho em Auschwitz, e esta diferença constitui todo o contexto histórico. Está escondida; e se tentamos separá-la, sublinhá-la e acentuá-la perderemos tudo, uma vez que a experiência artística é um caminho aberto e direto.

Akropolis: tratamento do texto

O texto de Ludwik Flaszen, conselheiro literário do Teatro Laboratório, foi publicado em *Pamietnik Teatralny* (Varsóvia, 3/1964), *Alla Ricerca del Teatro Perduto* (Marsilio Editori, Pádua, 1965) e *Tulane Drama Review* (Nova Orleans, T 27, 1965).

Akropolis foi produzida por Jerzy Grotowski. Seu principal colaborador nessa produção foi o conhecido cenógrafo polonês Josef Szajna, que também desenhou o figurino e os praticáveis.

Montagem de Jerzy Gurawski.

Principais intérpretes: Jacó, o harpista, líder da tribo agonizante: *Zygmunt Molik*; Rebecca Cassandra: *Rena Mirecka*; Isaac: *Antoni Jaholkowski*; Angel Paris: *Zbigniew Cynkutis* ou *Mieczyslaw Janowski*; Esaú: *Ryszard Cieslak*.

O drama de Wyspianski foi parcialmente modificado, a fim de servir à concepção do diretor. As poucas interpolações e modificações feitas no texto original não se afastaram, no entanto, do estilo do poeta. O equilíbrio do texto foi, de certa forma, alterado pela repetição deliberadamente obsessiva de certas frases, como "nossa Akropolis" ou o "cemitério das tribos". Essa liberdade é justificada porque tais frases são os temas da peça. O prólogo é um trecho de uma das cartas de Wyspianski, referindo-se a Acrópole como símbolo de um dos níveis mais altos de qualquer civilização específica.

De todas as peças dirigidas por Grotowski, *Akropolis* é a menos fiel ao seu original literário. O estilo poético foi a única coisa que permaneceu do autor. A peça foi transposta para o palco em condições totalmente diferentes das imaginadas pelo poeta. Em uma espécie de contraponto, foi enriquecida com associações de ideias que fizeram aflorar, como um resultado secundário do trabalho, um conceito específico da técnica: a substância verbal da obra teve de ser transplantada e enxertada com uma tal perícia, que as palavras pareciam crescer espontaneamente das circunstâncias impostas pelo teatro.

A peça se desenrola em uma catedral de Cracóvia. Na noite da Ressurreição, as imagens e os personagens das tapeçarias revivem cenas do Velho Testamento e da Antiguidade, as verdadeiras raízes da tradição europeia.

EM BUSCA DE UM TEATRO POBRE

O autor concebeu seu trabalho como uma visão panorâmica da cultura mediterrânea, cujas principais correntes estão representadas nessa Acrópole polonesa. Nessa ideia de "cemitério das tribos", para citar Wyspianski, a concepção do diretor e a do poeta coincidem. Ambos quiseram representar a soma total de uma civilização e testar seus valores com a pedra de toque da civilização contemporânea. Para Grotowski, a idade contemporânea começa na segunda metade do século XX. Daí sua experiência ser muito mais cruel que a de Wyspianski, e os valores do velho século da cultura europeia são submetidos a um severo teste. Seu ponto de fusão não é mais o tranquilo local da velha catedral, onde o poeta sonhou e meditou na solidão sobre a história do mundo. Eles se chocam no clamor de um mundo extremado, em meio a uma confusão poliglota na qual foram projetados pelo nosso século: em um campo de extermínio. Os personagens reordenam os grandes momentos da nossa história cultural: não revivem as figuras imortalizadas nos monumentos do passado, mas as fumaças e emanações de Auschwitz.

É, na verdade, um "cemitério das tribos", mas não o mesmo imaginado e sonhado pelo velho poeta galiciano. Trata-se literalmente, de um "cemitério" completo, perfeito, paradoxal; um cemitério no qual se transformam as imagens poéticas mais audaciosas em realidade. "Nossa Acrópole", cega de esperança, não verá a Ressurreição do Cristo-Apolo: ele foi deixado para trás, nos misteriosos limites externos da experiência coletiva. O drama formula um problema: o que acontece com a natureza humana quando enfrenta uma violência total? A luta de Jacó com o Anjo e o trabalho dolorosamente terrível dos internos nos campos de extermínio, o dueto de amor de Páris e Helena e os gritos agoniados dos prisioneiros, a Ressurreição

AKROPOLIS: TRATAMENTO DO TEXTO

de Cristo e os fornos crematórios — uma civilização de contraste e corrupção... Apanhada pelas raízes, essa imagem da raça humana provoca horror e piedade. A tragicomédia dos valores apodrecidos foi substituída por uma apoteose luminosa, que encerrava o drama filosófico-histórico do velho poeta. O diretor mostrou que o sofrimento, além de terrível, é feio. A humanidade foi reduzida a reflexos animais elementares. Em uma intimidade sentimental, o assassino e a vítima aparecem como gêmeos.

Todos os focos de luz foram deliberadamente extintos na apresentação no palco. A visão última de esperança é esmagada com uma ironia blasfema. A peça, como foi apresentada, pode ser interpretada como uma conclamação à memória étnica do espectador, ao seu inconsciente moral. Em que ele se transformaria, se fosse submetido a tal teste? Viraria uma casca humana vazia? Transformar-se-ia na vítima daqueles mitos coletivos criados para consolo mútuo?

A MONTAGEM: DO FATO À METÁFORA

A peça foi concebida como uma paráfrase poética de um campo de extermínio. A interpretação literal e a metáfora estão mescladas como num devaneio. A regra do Teatro Laboratório consiste em distribuir a ação por todo o teatro e entre os espectadores. Estes, no entanto, não são obrigados a participar da ação. Para *Akropolis*, decidiu-se que não existiria um contato direto entre atores e espectadores: os atores representam aqueles que foram iniciados na experiência última, são os mortos; os espectadores representam os que permaneceram fora dos círculos de iniciados, permanecem na corrente da vida cotidiana, são os vivos. Essa separação, combinada

EM BUSCA DE UM TEATRO POBRE

com a proximidade dos espectadores, contribuiu para a impressão de que os mortos nascem de um sonho dos vivos. Os internos dos campos pertencem a um pesadelo, e parecem mover-se para cima dos adormecidos, vindos de todos os lados. Aparecem em diferentes lugares, simultânea ou consecutivamente, criando uma sensação de vertigem, e de uma ubiquidade ameaçadora.

No meio da sala, uma imensa caixa. Sucatas metálicas amontoadas sobre ela: chaminés de vários tamanhos e larguras, um carrinho de mão, uma banheira, pregos, martelos. Tudo é velho, enferrujado, e parece que foi tirado de um depósito de lixo. A realidade dos objetos é a ferrugem e o metal. Com eles, enquanto a ação se desenvolve, os atores constroem uma civilização absurda: uma civilização de câmaras de gás. Assim, passa-se do fato para a metáfora.

FIGURINO

O figurino é constituído de sacos esburacados, cobrindo corpos nus. Os buracos são cortados de forma a lembrar carne estraçalhada; através deles, vê-se diretamente um corpo estraçalhado. Sapatos de madeira tosca; para as cabeças, barretes anônimos. Essa é a versão poética de um uniforme dos campos de concentração. Por semelhança, o figurino tira dos homens sua personalidade, erradica os sinais diferenciais que indicam o sexo, a idade, a classe social. Os atores são seres completamente idênticos. Não são nada além de corpos torturados.

Os internos são os protagonistas e, em nome de uma lei maior, não escrita, são seus próprios torturadores. As condições impiedosas do campo de extermínio são o seu meio social. O tipo de trabalho que executam marca-os com sua dimensão e sua

AKROPOLIS: TRATAMENTO DO TEXTO

inutilidade; sinais rítmicos são dados pelos guardas; os internos gritam. Mas a luta pelo direito de vegetar e de amar continua no seu passo diário. A cada ordem, os restos humanos, dificilmente vivos, levantam-se eretos como soldados disciplinados. O ritmo vibrante da peça sublinha a construção de uma nova civilização; o trabalho expressa a determinação dos internos de viver, o que é constantemente reafirmado em cada uma das suas ações.

Não há herói algum, nenhum personagem se destaca dos outros por sua própria individualidade. Há apenas a comunidade, que é a imagem de todas as espécies em uma situação extrema. Nos *fortíssimos*, o ritmo é quebrado num clímax de palavras, cânticos, gritos e ruídos. O todo parece multiforme; dissolve-se, reforma-se em uma unidade despedaçada. É a reminiscência de uma gota d'água sob um microscópio.

MITO E REALIDADE

Durante as pausas no trabalho, a fantástica comunidade sonha. Os miseráveis adotam os nomes de heróis bíblicos e homéricos. Identificam-se com eles e representam, dentro de suas limitações, suas próprias versões das lendas. Trata-se de uma transmutação através do sonho, um fenômeno conhecido das comunidades de prisioneiros, que durante a representação vivem uma realidade diferente da que lhes é própria. Conferem um nível de realidade aos seus sonhos de dignidade, nobreza e felicidade. Trata-se de um jogo cruel e amargo, que escarnece das próprias aspirações dos prisioneiros, quando são traídos pela realidade.

Jacó espezinha seu futuro sogro até a morte, enquanto pede a mão de Raquel em casamento. Na verdade, seu relacionamento com Labão não é regido pela lei patriarcal, mas pela absoluta exigência do direito à sobrevivência. A luta de Jacó com o Anjo é uma luta entre dois prisioneiros: um está ajoelhado e sustenta nas costas uma carrocinha, na qual o outro está deitado, com a cabeça para o chão. Jacó, ajoelhado, tenta livrar-se da sua carga, o Anjo, que bate com a cabeça no chão. Por sua vez, o Anjo tenta dar uma rasteira em Jacó. Mas seus pés alcançam a carrocinha. Jacó luta com todas as forças para dominar a sua carga. Os protagonistas não podem escapar um do outro. Cada um está pregado à sua ferramenta; sua tortura é mais intensa porque não podem dar vazão à ira crescente. A famosa cena do Velho Testamento é interpretada como se se tratasse de duas vítimas que se torturam, pressionadas pela necessidade, o poder anônimo mencionado em sua discussão.

Páris e Helena expressam o encanto do amor sensual; mas Helena é um homem. Seu dueto de amor é regido pelo acompanhamento das risadas debochadas dos prisioneiros reunidos. Um erotismo degradado regula o mundo onde a intimidade é impossível. Sua sensibilidade sexual tornou-se aquela de uma sociedade monossexual, o Exército, por exemplo. Da mesma forma, Jacó dirige sua ternura para objetos compensatórios: sua noiva é uma chaminé envolta em um pedaço de véu. Equipado dessa maneira, ele lidera solenemente a procissão nupcial, seguido por todos os prisioneiros, que entoam uma canção folclórica. No ponto alto dessa cerimônia improvisada, ouve-se claramente o som de um sino, sugerindo futilmente, e de certa forma também ironicamente, um sonho de simples felicidade.

O desespero dos homens condenados, sem esperança de libertação, é revelado: quatro prisioneiros comprimem seus corpos

AKROPOLIS: TRATAMENTO DO TEXTO

contra as paredes do teatro, como mártires. Declamam a oração da esperança no auxílio de Deus, pronunciada pelo Anjo no sonho de Jacó. Identifica-se na oração o ritual do luto e o lamento tradicional da Bíblia. Lembram os judeus diante do Muro das Lamentações. Há, também, desespero agressivo do condenado que se rebela contra o seu destino: Cassandra. Um dos prisioneiros, uma mulher, sai das fileiras ao som da chamada. Seu corpo se contorce histericamente; sua voz é vulgar, sensual e rouca; exprime os tormentos de uma alma autocentrada em si mesma. Modulando de repente uma melodia de suave lamentação, ela anuncia com um prazer óbvio o que o destino reserva para a comunidade. Seu monólogo é interrompido pelas vozes guturais dos prisioneiros que, nas filas, fazem uma contagem deles próprios. Os sons metálicos da campainha de chamada substituem o crocitar dos corvos do texto de Wyspianski.

Quanto à esperança, o grupo de espectros humanos, liderados pelo Cantor, encontra seu Salvador. O Salvador é um cadáver sem cabeça, azulado, completamente despedaçado, horrível reminiscência do campo de extermínio. O Cantor eleva o cadáver, num gesto lírico, como um padre elevando o cálice. A turba para religiosamente e segue o líder, em procissão. Começam a cantar um hino de Natal em honra do Salvador. A canção vai aumentando de intensidade, transforma-se em um lamento extasiado, interrompido por gritos e risos histéricos. A procissão circula a imensa caixa no centro do palco; as mãos levantadas em direção ao Salvador, os olhos enevoados adorando-o. Alguns fraquejam, caem, retomam suas posições e se espremem em torno do Cantor. A procissão evoca as turbas religiosas da Idade Média, os suplicantes, os mendigos penitentes. O êxtase deles é de uma dança religiosa. Intermitentemente, a procissão para e a turba se acalma. De repente, o silêncio é rompido pelas litanias devotas do Cantor, e a turba responde. Em um supremo êxtase, a procissão atinge o final da sua peregrinação. O Cantor entoa um grito piedoso, abre um buraco na caixa, e coloca nela o cadáver do Salvador. Os internos seguem-no, cantando fanaticamente. Parecem jogar-se para fora do mundo. Quando o último condenado desaparece, a caixa se fecha. O silêncio cai de repente; então, depois de certa calma, ouve-se uma voz. Ela diz simplesmente: "Eles se foram, e a fumaça sobe em espirais." O delírio encontrou sua realização no crematório. Fim.

OS OBJETOS COMO UMA ORQUESTRAÇÃO DINÂMICA

A mais estrita independência com relação a objetos é um dos princípios básicos do Teatro Laboratório. É totalmente proibido introduzir na peça qualquer coisa que já não esteja lá desde o início. Certo número de pessoas e de objetos é reunido no teatro. Deve ser suficiente para qualquer das situações da peça.

Não há cenários, no sentido usual da palavra. Foram reduzidos aos objetos indispensáveis à ação dramática. Cada objeto deve contribuir, não para o significado, mas para a dinâmica da peça; seu valor está na sua variada utilização. As chaminés e as sucatas metálicas são usadas como cenário e como uma metáfora concreta, tridimensional, que contribui para a criação de uma visão. Quando os atores deixam o teatro, deixam atrás as chaminés que forneceram uma motivação concreta para a peça.

Cada objeto tem uso múltiplo. A banheira é uma banheira prosaica; por outro lado, é uma banheira simbólica; representa

AKROPOLIS: TRATAMENTO DO TEXTO

todas as banheiras nas quais corpos humanos foram reduzidos a sabão e couro. Quando virada para cima, a mesma banheira transforma-se em um altar, diante do qual um interno entoa uma oração. Colocada em um lugar mais alto, transforma-se no leito nupcial de Jacó. Os carrinhos de mão são instrumentos para o trabalho diário; servem para o transporte dos cadáveres; encostados na parede são os tronos de Príamo e de Hécuba. Uma das chaminés, transformada pela imaginação de Jacó, é a sua grotesca noiva.

O mundo dos objetos representa os instrumentos musicais da peça; a monótona cacofonia da morte e do sofrimento sem sentido — o metal batendo no metal, o barulho dos martelos, o ranger das chaminés através das quais ressoa a voz humana. Alguns pregos sacudidos por um interno evocam o sino do altar. Existe apenas um instrumento musical real, um violino. Seu tema é usado como apoio lírico e melancólico para uma cena brutal, ou como um eco ritmado das ordens e apitos dos guardas. A imagem visual é quase sempre acompanhada por uma acústica. O número de objetos é extremamente limitado; cada um tem funções múltiplas. Mundos são criados com objetos comuns, como nas brincadeiras das crianças e nos jogos improvisados. Estamos lidando com um teatro em seu estágio embrionário, em meio a um processo criativo no qual o instinto desperto escolhe espontaneamente os instrumentos de sua mágica transformação. Um homem vivo, o ator, é a força criativa de todas as coisas.

O TEATRO POBRE

No teatro pobre, o ator deve compor uma máscara orgânica, com seus músculos faciais; depois, a personagem usará a mesma expressão, por meio da peça inteira. Enquanto todo o corpo se move de acordo com as circunstâncias, a máscara permanece estática, em uma expressão de desespero, sofrimento e indiferença. O ator multiplica-se numa espécie de ser híbrido, representando o seu papel polifonicamente. As diferentes partes do seu corpo dão livre curso aos diferentes reflexos, que são muitas vezes contraditórios, enquanto a língua nega não apenas a voz, mas também os gestos e a mímica.

Todos os atores usam gestos, atitudes e ritmos extraídos da pantomima. Cada um tem a sua silhueta própria, irrevogavelmente fixada. O resultado é uma despersonalização dos personagens. Quando os traços individuais são removidos, os atores transformam-se em estereótipos das espécies.

Os mecanismos da expressão verbal foram consideravelmente aumentados, porque todos os meios da expressão vocal são usados, desde o confuso balbucio de uma criança muito pequena até a mais sofisticada declamação retórica. Ruídos inarticulados, rosnar de animais, suaves canções folclóricas, cantos litúrgicos, dialetos, declamação de poesia: tudo está aqui. Os sons são intercalados de uma forma complexa, que devolve à memória todas as espécies de linguagem. Estão misturados nessa nova Torre de Babel, no estrondo de pessoas e línguas estrangeiras que se encontram antes do seu extermínio.

A mistura de elementos incompatíveis, combinada com a distorção da linguagem, provoca reflexos elementares. Resíduos de sofisticação são justapostos a comportamentos animais. Meios de expressão literalmente "biológicos" são ligados a composições bastante convencionais. Em *Akropolis*, a humanidade é passada através de uma peneira muito fina: sua tessitura sai mais refinada.

Dr. Fausto: montagem textual

Nenhuma palavra do texto original de Marlowe foi mudada, mas o script foi arrumado em uma "montagem" na qual a sucessão das cenas foi modificada, novas cenas foram criadas, e algumas do original foram omitidas. Estas são as notas da produção, tomadas por Eugenio Barba. O texto foi publicado em *Tulane Drama Review* (Nova Orleans, T 24, 1964) e *Alla Ricerca del Teatro Perduto* (Marsilio Editore, Pádua, 1965).

Dr. Fausto foi produzida por Jerzy Grotowski. O figurino foi desenhado por Waldemar Krygier e a cenografia era de Jerzy Gurawski.

Principais intérpretes: Fausto: *Zbigniew Cynkutais*; o Mefistófeles andrógeno: *Rena Mirecka* e *Antoni Jaholkowski*; Benvólio: *Ryszard Cieslak*.

Fausto tem uma hora de vida antes do seu martírio infernal e da eterna danação. Convida seus amigos para uma última ceia, uma confissão pública, onde lhes oferece episódios de sua vida, como Cristo ofereceu seu corpo e seu sangue. Fausto saúda seus convidados — a plateia — assim que eles chegam, e insta-os a sentarem em torno de duas grandes mesas, colocadas nos lados da sala. Fausto toma o seu lugar numa terceira mesa, bem menor que as outras, como um prior no refeitório. A atmosfera é de mosteiro medieval, e a história aparentemente se relaciona apenas com monges e seus convidados. Esse é o arquétipo essencial do texto. Fausto e os outros personagens estão vestidos com hábitos de ordens diferentes. O hábito de Fausto é branco; o de Mefistófeles é preto, sendo representado simultaneamente por um homem e uma mulher; os outros personagens vestem-se como franciscanos. Há também dois atores sentados às mesas com a plateia, vestidos com roupas modernas. Posteriormente daremos novos dados sobre eles.

Esta é uma peça baseada em um tema religioso. Deus e o Diabo lutam com os protagonistas — e, por isso, a peça é representada em um mosteiro. Há uma diferença dialética entre a ironia e a apoteose. Fausto é um santo, e sua santidade revela-se como um desejo absoluto de verdade pura. Se o santo deve identificar-se com sua santidade, tem de se rebelar contra Deus, Criador do mundo, porque as leis do mundo são armadilhas que contradizem a moralidade e a verdade.

> *Stipendium peccati mors est. Ha! Stipendium etc.*
> A recompensa do pecado é a morte. Isso é duro.
> *Si peccasse negamus, fallimur*
> *Et nulla est in nobis veritas.*
> Se dizemos que não pecamos,
> Traímos a nós mesmos, e não existe verdade alguma em nós.
> Porque então, da mesma forma, devemos pecar,
> E assim, consequentemente, morrer.
> Aí, devemos morrer uma morte eterna.

(I, I, 39-47)

O que quer que façamos — de bom ou de mal — estamos condenados. O santo não pode aceitar como seu modelo este Deus que embosca o homem. As leis de Deus são mentiras, ele espiona qualquer desonra nossa para melhor nos condenar. Se desejamos ser santos, devemos ser contra Deus.

Mas de que deve cuidar o santo? Da alma, claro. Usando uma expressão moderna, da sua própria consciência. Fausto, no entanto, não está interessado nem na psicologia nem na teologia. Ele deve rejeitar esse tipo de conhecimento e procurar outra coisa. Sua busca começa exatamente na sua rebelião contra Deus. Mas como é que ele se rebela? Assinando um pacto com o Demônio. Na realidade, Fausto não é apenas um santo, mas um mártir — até muito mais que os santos e mártires cristãos, porque Fausto não espera recompensa alguma. Pelo contrário, sabe que isso o levará a uma eterna danação.

Aqui, temos o arquétipo do santo. O papel é representado por um ator jovem, de ar inocente; suas características psicofísicas

DR. FAUSTO: MONTAGEM TEXTUAL

lembram são Sebastião. Mas este são Sebastião é antirreligioso e luta contra Deus.

A dialética da ironia e da apoteose consiste, então, em um conflito entre a sua santidade leiga e a sua santidade religiosa, zombando de nossas ideias sobre santos. Mas, ao mesmo tempo, essa luta apela para o nosso compromisso com o "espiritual" contemporâneo, e nisso temos a apoteose. Na montagem, as ações de Fausto são uma paráfrase grotesca das ações de um santo; e, no entanto, revelam ao mesmo tempo o pungente *pathos* de um mártir.

O texto foi rearrumado de tal forma que a cena II do Ato V da peça de Marlowe — quando Fausto discute com os três sábios — inicia a montagem. Fausto, cheio de humildade, com os olhos abertos, perdido na iminência do seu martírio, saúda seus hóspedes sentado à sua mesa pequena, os braços abertos como numa Cruz. Então começa a sua confissão. O que chamamos usualmente de virtude, ele chama de pecado — seus estudos teológicos e científicos —, e o que chamamos de pecado, ele chama de virtude — seu pacto com o Demônio. Durante essa confissão, o rosto de Fausto transmite uma forte luz interior.

Quando Fausto começa a falar sobre o Demônio, seu primeiro truque mágico, entra numa segunda realidade (flashbacks). A ação então se desenrola nas duas mesas onde Fausto evoca os episódios da sua vida, uma espécie de narrativa biográfica.

Cena 1 — Fausto saúda seus convidados.

Cena 2 — Wagner anuncia que seu mestre está próximo da morte.

EM BUSCA DE UM TEATRO POBRE

Cena 3 — Um monólogo no qual Fausto confessa publicamente, como pecados, seus estudos, e exalta, como virtude, seu pacto com o Demônio.

Cena 4 — Em um flashback, Fausto começa a contar a história da sua vida. Primeiro, um monólogo recordando o momento em que decidiu renunciar à teologia, escolhendo a magia. Essa luta interior é representada por um conflito entre uma coruja, que simboliza a personalidade erudita, e um burro, cuja teimosa inércia é oposta à sabedoria da coruja.

Cena 5 — Fausto conversa com Cornélio e Valdez, que vêm iniciá-lo na magia. Cornélio transforma uma mesa em confessionário. Enquanto ouve a confissão de Fausto, concedendo-lhe absolvição, Fausto começa sua nova vida. O texto falado muitas vezes contradiz a sua interpretação; por exemplo, esses versos descrevem o prazer da magia. Cornélio revela as cerimônias mágicas a Fausto e ensina-lhe uma fórmula oculta — que é, na verdade, um conhecido hino religioso polonês.

Cena 6 — Fausto na floresta. Imitando um sopro de vento, o farfalhar das folhas, os ruídos da noite, os gritos dos animais noturnos, Fausto encontra-se cantando o mesmo hino religioso que invoca Mefistófeles.

DR. FAUSTO: MONTAGEM TEXTUAL

Cena 7 — Aparição de Mefistófeles (a Anunciação). Fausto está de joelhos, em atitude humilde. Mefistófeles, apoiado apenas numa perna, um anjo sublime, canta seu texto acompanhado por um coro angélico. Fausto comunica-lhe que está pronto a entregar sua alma ao Demônio, em troca de vinte e quatro anos de vida contra Deus.

Cena 8 — A mortificação de Fausto. Uma cena masoquista provocada pelas discussões dos Anjos Bons e Maus. Fausto molha o rosto com o próprio cuspe, bate a cabeça contra os joelhos, dilacera seus órgãos genitais — tudo isso enquanto declama seu texto com voz calma.

Cena 9 — Durante um passeio, Fausto comunica a Mefistófeles sua decisão de entregar-lhe a alma.

Cena 10 — Batismo de Fausto. Antes de assinar o contrato, Fausto está quase afogado em um rio (o espaço entre as mesas). Assim, é purificado e preparado para sua nova vida. Então, a fêmea Mefistófeles garante-lhe realizar todos os seus desejos. Ela conforta Fausto colocando-o no colo (a *Pietà*).

Cena 11 — Assinatura do pacto. Fausto lê o contrato com Mefistófeles, usando um tom comercial. Mas seus gestos revelam uma luta para apaziguar a angústia que o atormenta. Finalmente, dominando sua hesitação, rasga suas roupas em uma espécie de autoestupro.

Cena 12 — O duplo Mefistófeles, usando gestos litúrgicos, mostra a Fausto suas novas vestes.

Cena 13 — Cena com sua "esposa-demônio". Fausto trata-a como se fosse um livro que encerrasse todos os segredos da natureza.

> *Se eu tivesse um livro onde pudesse ver todos*
> *Os personagens e planetas dos céus, para poder conhecer*
> *Seus movimentos e disposições*
> *(...)*
> *Onde pudesse ver todas as plantas, ervas e árvores que*
> *Crescem sobre a terra.*

(1604 Quarto. I, V, 618-620, 634-635)

O santo examina a prostituta como se estivesse lendo cuidadosamente um livro. Toca todas as partes do seu corpo e as lê como se fossem "planetas", "plantas" etc.

Cena 14 — Mefistófeles tenta Fausto. Na Cena 13, o jovem santo começa a suspeitar que o Demônio também está a serviço de Deus. A Cena 14 significa uma tomada de consciência da realidade. Mefistófeles, neste momento da representação, é como um informante da polícia. Desempenha três papéis: o próprio Mefistófeles, o Anjo Bom e o Anjo Mau. Não é por acaso que o duplo Mefistófeles está

DR. FAUSTO: MONTAGEM TEXTUAL

vestido como um jesuíta que tenta Fausto a pecar mortalmente. Mas quando Fausto começa a entender as consequências, começa calmamente a enunciar as palavras do Anjo Bom. Nesta cena, Mefistófeles, como o Anjo Bom, oferece a Fausto um encontro com Deus. Agem como se fosse tarde da noite num mosteiro e dois monges insatisfeitos estivessem conversando, longe da vigilância dos outros. Mas Fausto recusa-se a arrepender-se.

Cena 15 — Discussões astrológicas. Mefistófeles desempenha o papel de servidor leal que exalta a harmonia e a perfeição da criação do seu mestre, duplicando o som das esferas celestes. A conversação é interrompida por dois convidados que falam de prostitutas. São os dois atores que estavam sentados, durante toda a representação, entre os espectadores. Eles representaram todos os papéis de farsa (Robin, Vintner, Dick, Carter, os professores, o Velho etc.). Em suas cenas, representam a banalidade que marca nossa vida cotidiana. Uma dessas cenas cômicas (com o Caçador de Cavalos) é representada exatamente depois que Fausto pergunta a Mefistófeles: "Agora, diga-me, quem fez o mundo?"

Cena 16 — Lúcifer mostra cada um dos Sete Pecados Capitais a Fausto, que, por sua vez, absolve-os como Cristo absolveu Maria Madalena. Os Sete Pecados Capitais são representados pelas mesmas pessoas: o duplo Mefistófeles.

Cena 17 — Fausto é transportado para o Vaticano por dois dragões: o duplo Mefistófeles.

Cena 18 — Fausto, invisível aos pés do Papa, está presente num banquete em São Pedro. A mesa do banquete é feita com os corpos do duplo Mefistófeles, que recita os Dez Mandamentos. Fausto esbofeteia o Papa, quebrando seu orgulho e sua vaidade. Transforma o Papa em um homem humilde — esse é o milagre de Fausto.

Cena 19 — No palácio do imperador Carlos V, Fausto realiza milagres, na tradição das lendas populares. Abre a terra e tira Alexandre, o Grande. Depois, Fausto bate em esperteza a Benvólio, um cortesão que desejava matá-lo. A raiva de Benvólio se dirige contra as mesas; ele as desmantela, pensando que está despedaçando Fausto.

Então Fausto transforma Benvólio numa criancinha.

Cena 20 — Retorno ao presente — a última ceia de Fausto. Fausto conversa com os convidados. A pedido de um amigo, convoca Helena de Tróia, desmascarando por meio de alusões cômicas às funções

DR. FAUSTO: MONTAGEM TEXTUAL

biológicas femininas. Helena começa a fazer amor com ele; e, imediatamente, dá à luz uma criança. Depois, nessa posição erótica, ela se transforma no recém-nascido. Finalmente, é transformada em uma criança sôfrega, mamando.

Cena 21 — O duplo Mefistófeles mostra o Paraíso a Fausto. O Paraíso teria sido dele se tivesse seguido os mandamentos de Deus: uma boa morte, calma e religiosa. Então lhe mostra o Inferno que o aguarda: uma morte violenta e terrível.

Cena 22 — Cena final. Fausto só tem alguns minutos de vida. Um longo monólogo que representa sua última, e mais sacrílega, provocação a Deus.

Ah! Fausto,
Agora só tens uma mísera hora para viver,
E depois serás condenado para sempre!

(V, II,130-131)

No texto original, o monólogo expressa o arrependimento de Fausto por ter vendido sua alma ao Demônio; ele se oferece para voltar a Deus. Na montagem, trata-se de uma luta aberta, o grande encontro do santo com Deus. Fausto, usando gestos para dialogar com os Céus, e invocando a plateia como testemunha, sugere que a sua alma seria salva, se Deus assim quisesse, se Ele fosse verdadeiramente misericordioso e poderoso o bastante para salvar uma alma no momento exato da sua condenação. Primeiro, Fausto propõe que Deus pare o tempo das esferas celestes, mas em vão.

Parai, esferas eternamente móveis do céu,
Para que o tempo pare e a meia-noite nunca chegue.

(V, II, 133-134)

Dirige-se a Deus, mas pergunta a si mesmo: "Oh, eu me agarrarei ao meu Deus! Quem me retém?" Fausto observa um fenômeno interessante: o céu está coberto com o sangue de Cristo, e seria suficiente meia gota dele para sua salvação. Ele clama por essa salvação:

Vede, vede, onde o sangue de Cristo corre no firmamento!
Apenas uma gota salvaria a minha alma, metade de uma gota!

(V, II, 143-144)

Mas Cristo desaparece, enquanto Fausto lhe implora, e isso faz com que Fausto diga aos seus convidados: "Onde está agora? Foi embora." (V, II, 147). Então aparece a face irada de Deus e Fausto amedronta-se:

... E vejam onde Deus
Estendeu seu braço e arqueou as sobrancelhas iradas!

(V, II, 147-148)

Fausto quer que a terra se abra e o engula, e atira-se ao solo.

Montanhas e colinas, vinde, vinde, e se abatei sobre mim,
E me ocultai da ira violenta de Deus!

(V, II, 149-150)

DR. FAUSTO: MONTAGEM TEXTUAL

Mas a terra é surda aos seus lamentos, e ele levanta-se gritando: "Não, a terra não me acolherá!" O céu então ressoa com o Verbo, e de todos os cantos da sala, atores escondidos, declamando como monges, entoam orações como a Ave-Maria e o Pai-Nosso. Vem a meia-noite. O êxtase de Fausto transforma-se em sua Paixão. Chegou o momento em que o santo — depois de ter mostrado aos seus convidados a indiferença culposa e até mesmo o pecado de Deus — está pronto para seu martírio: a danação eterna. Está enlevado, todo o seu corpo é sacudido por espasmos. A falha estática de sua voz, no momento de sua Paixão, transforma-se em uma série de gritos inarticulados — os penetrantes e penosos uivos de um animal apanhado numa armadilha. Seu corpo estremece e, de repente, tudo é silêncio. O duplo Mefistófeles, vestido como dois padres, entra e leva Fausto para o inferno.

Mefistófeles carrega Fausto nas costas, segurando-o pelos pés, a cabeça do santo perto do chão, as mãos arrastando-se pelo solo. Dessa forma, segue para sua condenação eterna, como um animal de sacrifício é carregado, como alguém é arrancado da Cruz.

A fêmea Mefistófeles entoa uma triste marcha, que se transforma em uma melancólica canção religiosa (a *Mater Dolorosa* seguindo seu Filho ao Calvário). Da boca do santo saem gritos roucos: esses sons inarticulados não são humanos. Fausto não é mais um homem, mas um animal arquejante, um resto humano sem dignidade. O santo contra Deus atingiu seu cume, viveu a crueldade de Deus. Ele é moralmente vitorioso. Mas pagou o grande preço pela sua vitória: o martírio eterno no inferno, onde tudo lhe é arrancado, até sua dignidade.

O príncipe constante

Esta introdução de Ludwik Flaszen apareceu no programa polonês.
O príncipe constante foi produzido por Jerzy Grotowski.
O figurino foi desenhado por Waldemar Krygier e a cenografia
era de Jerzy Gurawski.

Principais intérpretes: O príncipe constante: *Ryszard Cieslak*;
O rei: *Antoni Jaholkowski*; Fenixana: *Rena Mirecka*; Tarudant, o
perseguidor: *Maja Komorowska*; Muley, o perseguidor: *Mieczyslaw
Janowski*; o primeiro prisioneiro: *Stanislaw Scierski*.

O roteiro desta montagem é baseado no texto do grande dramaturgo espanhol do século XVII, Calderón de la Barca, na excelente tradução polonesa de Julius Slowacki, o eminente poeta romântico. O diretor, no entanto, não quis representar *O príncipe constante* tal como é. Pretendeu mostrar sua própria visão da peça, e a relação do seu roteiro com o texto original é a mesma de uma variação musical em relação ao tema original da música.

Na abertura do espetáculo, o Primeiro Prisioneiro colabora com seus perseguidores. Deitado sobre uma cama ritual, ele é inicialmente castrado e, então, depois de lhe vestirem um uniforme, transforma-se em "um dos nossos". A montagem é um estudo da "inflexibilidade", que não consiste em manifestação de força, dignidade e coragem. Para o povo à sua volta, que o olha mais como um animal estranho, o Segundo Prisioneiro — o Príncipe — opõe apenas passividade e bondade, ligadas a uma ordem espiritual maior. Parece não oferecer qualquer oposição às ações feias e vis do povo que o circunda, e nem chega a discutir com eles. Estão simplesmente além da sua consideração. Recusa-se a ser um deles. Dessa forma, os inimigos do Príncipe, que deveriam apoiá-lo para mantê-lo no poder, não têm influência efetiva sobre ele. Embora submetido às suas más ações, preserva sua independência e pureza até o êxtase.

A disposição do palco e da plateia lembra algo entre uma arena e um anfiteatro. Pode-se pensar, pelo que se vê lá embaixo, em algum esporte cruel em uma arena da Roma antiga, ou em uma operação cirúrgica como a retratada em *Anatomia do Dr. Tulp*, de Rembrandt.

As pessoas que cercam o Príncipe — uma sociedade alienada e peculiar — usam togas, calções e botas de cano longo, para demonstrar que sentem prazer em fazer uso do poder, que estão confiantes no seu julgamento, particularmente em relação às pessoas de um tipo diferente. O Príncipe usa uma camisa branca — símbolo ingênuo de sua pureza — e um casaco vermelho, que pode, algumas vezes, ser transformado em mortalha. No final da peça, ele se apresenta totalmente despido, sem nada que o defenda de sua própria identidade humana.

Os sentimentos da sociedade em relação ao Príncipe não são uniformemente hostis. São antes a expressão de um sentimento de diferença e de estranheza, combinado com uma espécie de fascinação, e essa combinação contém a possibilidade de reflexos extremos, como a violência e a adoração. Todo mundo quer ter o mártir para si e, no fim da montagem, lutam por sua posse como se se tratasse de um objeto precioso. Entrementes, o herói está constantemente diante de intermináveis contradições e submetido à vontade de seus inimigos. Uma vez que a sentença é executada, as pessoas que atormentaram o Príncipe até a morte arrependem-se e lastimam o seu destino. As aves de rapina transformam-se em pombas.

Finalmente, ele se transforma em um hino vivo de homenagem à existência humana, apesar de ser perseguido e estupidamente humilhado. O êxtase do Príncipe é o seu sofrimento, que ele só

O PRÍNCIPE CONSTANTE

pode suportar através do seu oferecimento à verdade, como num ato de amor. Desta forma, a montagem, muito paradoxalmente, é uma tentativa de transcender o ato trágico. Consiste em um apelo a todos os elementos que podem nos forçar a aceitar o aspecto trágico.

O diretor acredita que, embora não tenha sido literalmente fiel ao texto de Calderón, conservou, todavia, o sentido mais íntimo da peça. A montagem é uma transposição das profundas antinomias e dos traços mais característicos da era barroca, tais como seu aspecto visionário, sua música, sua apreciação do concreto e seu espiritualismo.

A montagem é também um tipo de exercício que tornou possível a verificação do método de Grotowski no que se refere à representação. Tudo está moldado no ator: no seu corpo, na sua voz e na sua alma.

Ele não era inteiramente ele

Este artigo de Jerzy Grotowski foi publicado em *Les Temps Modernes* (Paris, abril de 1967) e *Flourish*, jornal do Royal Shakespare Theatre Club (verão de 1967).

Stanislavski assumiu um compromisso com os seus discípulos. Foi o primeiro grande criador de um método de representar no teatro, e todos nós, que estamos envolvidos com os problemas teatrais, não podemos fazer nada além de dar respostas pessoais aos problemas que ele levantou. Quando, em inúmeros teatros europeus, assistimos às representações inspiradas na "teoria de Brecht", e temos de lutar contra um profundo tédio, porque a falta de convicção tanto dos atores quanto dos diretores substitui o tão famoso *Verfremdungseffekt*, recordamo-nos das próprias montagens de Brecht. Talvez fossem menos verdadeiras que a sua teoria, mas por outro lado eram tão pessoais e tão subversivas, mostravam tal nível de conhecimento profissional, que nunca nos deixavam em semelhante estado de lassidão.

Estamos entrando na era de Artaud. O "teatro da crueldade" foi canonizado, isto é, tornado trivial, trocado em miúdos, torturado de várias formas. Quando um eminente criador, possuidor de estilo e personalidade, como Peter Brook, volta-se para Artaud, não o faz para esconder a sua fraqueza ou para imitá-lo. Ocorre apenas que, em dado momento do seu desenvolvimento ele se acha de acordo com Artaud, sente a necessidade de um confronto, *testa* Artaud e retém o que resulta desse teste. Permanece ele próprio. Mas com relação às produções amesquinhadas que podemos ver na

EM BUSCA DE UM TEATRO POBRE

vanguarda teatral de muitos países, trabalhos caóticos, abortados, cheios da chamada crueldade que não atemoriza nem uma criança; quando vemos todos esses *happenings* que revelam apenas falta de capacidade profissional, um sentido de engodo e um amor pelas soluções fáceis, montagens que só são violentas na superfície (podem nos ferir, mas não nos conduzem a nada) — quando vemos esses subprodutos, cujos autores chamam Artaud de pai espiritual, então pensamos que talvez exista mesmo crueldade, mas apenas em relação a Artaud.

O paradoxo de Artaud está no fato de ser impossível executar suas proposições. Isso significa que ele estava errado? Seguramente não. Mas Artaud não deixou nenhuma técnica concreta, não indicou método algum. Deixou visões, metáforas. Essa foi, certamente, uma expressão de sua personalidade, e é parcialmente um resultado da falta de tempo e de meios para colocar tudo que imaginou em termos práticos. É também um resultado do que poderíamos chamar de engano de Artaud, ou pelo menos de sua peculiaridade: enquanto investigava sutilmente, de forma alógica, quase invisível e intangível, Artaud empregou uma linguagem que foi quase igualmente intangível e fugidia. Contudo, os micro-organismos são estudados com um instrumento de precisão, o microscópio. O que é imperceptível exige precisão.

Artaud falou da magia do teatro e, da maneira como o fez, criou imagens que nos tocam de certa forma. Talvez não as compreendamos completamente, mas verificamos que ele procurava um teatro que transcendesse a razão discursiva e a psicológica. E quando, um belo dia, descobrimos que a essência do teatro não está nem na narração, nem no acontecimento, nem na discussão de uma hipótese com a plateia, nem na representação da vida que

ELE NÃO ERA INTEIRAMENTE ELE

aparece exteriormente, nem mesmo numa visão (pois o teatro é uma arte executada *aqui e agora*, no organismo dos atores, diante de outros homens); quando descobrimos que a realidade do teatro é instantânea, não uma ilustração da vida, mas algo ligado à vida *apenas por analogia*; quando verificamos tudo isso, então fazemos a seguinte pergunta: não estaria Artaud falando sobre isso e nada mais?

Pois quando nos desfazemos, no teatro, dos truques da maquiagem, das barrigas postiças e dos narizes falsos, e quando propomos aos atores que se transformem diante do espectador usando apenas seus impulsos interiores, seu corpo, quando afirmamos que a magia do teatro consiste nessa transformação, *enquanto ocorre*, fazemos uma nova pergunta: não foi essa espécie de magia que Artaud sugeriu?

Artaud fala do "transe cósmico". Isso traz de volta um eco da época em que os céus foram esvaziados dos seus tradicionais habitantes, tornando-se, em si, objetos de culto. O "transe cósmico", inevitavelmente, conduz ao "teatro mágico". Contudo, Artaud explica o desconhecido pelo desconhecido, o mágico pelo mágico. Não sei o que se quer dizer por "transe cósmico", pois falando de modo geral, não acredito que o cosmos possa, em um sentido físico, servir de ponto de referência transcendental para o homem. Os pontos de referência são outros. O homem é um deles.

Artaud opôs-se ao princípio discursivo do teatro, isto é, a toda tradição francesa do teatro. Mas não podemos aceitá-lo como pioneiro nisto. Muitos teatros orientais e da Europa Central têm uma tradição viva de teatro não discursivo. E como classificar Vakhtangov ou Stanislavski?

Artaud recusou um teatro que se satisfazia em ilustrar textos dramáticos; exigiu um teatro que deveria ser uma arte criatiava em si mesma, que não servisse apenas para duplicar o que a literatura fazia. Foi uma demonstração de grande coragem e consciência da sua parte, pois ele escreveu em uma língua em que as obras completas de um dramaturgo não se intitulavam "Peças" ou "Comédias", mas "Teatro de Molière", ou "Teatro de Montherlant". Mesmo assim, a ideia de um teatro autônomo apareceu muito mais cedo, com Meyerhold na Rússia.

Artaud pretendeu suprimir a barreira existente entre os atores e a plateia. Isso parece notável, mas devemos lembrar que ele não propôs nem abolir o palco separado da plateia nem procurou uma nova estrutura adaptada a cada nova montagem, criando assim uma base real para o confronto entre os dois "conjuntos" formados pelos atores e pelos espectadores. Ele simplesmente propôs colocar a plateia no centro e representar nos quatro cantos da sala. Isso não significa uma eliminação da barreira palco/plateia, mas uma substituição do clássico teatro de bonecos por outra estrutura rígida. E, anos antes dessas ideias de Artaud, passos decisivos nessa direção já tinham sido empreendidos por Reinhard, por Meyerhold em suas montagens dos *Mistérios*, e, um pouco mais tarde, por Syrkus, na Polônia, com sua já elaborada concepção de um "teatro simultâneo".

Assim, retiramos os supostos méritos de Artaud a fim de restituí-los aos seus verdadeiros pais. Pode-se pensar que estamos preparando uma cena de martírio, despojando Artaud de seus trapos, como ele fez com Beatrice Cenci na sua montagem. Mas há uma diferença entre despojar alguém para torturá-lo e fazer o mesmo para descobrir quem realmente ele é. Que outros tenham feito sugestões idênticas, em outros locais, não pode alterar o fato vital de que Artaud fez suas descobertas por si mesmo, por seu

ELE NÃO ERA INTEIRAMENTE ELE

próprio sofrimento, do prisma de suas obsessões individuais, e, no que diz respeito ao seu país, ele virtualmente inventou tudo.

Deve-se repetir mais uma vez: se Artaud tivesse tido à sua disposição o material necessário, suas visões teriam se desenvolvido do indefinido para o definido. Ele poderia tê-las convertido numa forma, ou, melhor ainda, numa técnica. Estaria, então, em condições de antecipar todos os reformadores, pois teve a coragem e o poder de ir além da corrente lógico-discursiva. Tudo isso poderia ter acontecido, mas não aconteceu.

O segredo de Artaud, acima de tudo, foi tornar erros e incompreensões particularmente frutíferos. Sua descrição do teatro balinense, embora sugestiva para a imaginação, é mesmo uma má interpretação. Artaud decifrou como "símbolos cósmicos" e "gestos evocativos dos poderes superiores" elementos da representação que, na verdade, eram expressões concretas, letras especificamente teatrais de um alfabeto de símbolos compreendido pelos balinenses de maneira universal.

A montagem balinense, para Artaud, era uma espécie de bola de cristal para um vidente. Externou nele uma montagem diferente, que permanecia no seu íntimo; e essa obra de Artaud, provocada pelo teatro balinense, fornece-nos uma imagem de suas imensas possibilidades criativas. Assim que ele passa da descrição para a teoria, no entanto, começa a explicar a magia pela magia, o transe cósmico pelo transe cósmico. E elabora uma teoria que pode significar tudo aquilo que se queira entender.

Mas, nessa descrição, ele toca em algo muito essencial, do qual não tem muita consciência. É a verdadeira lição do teatro sagrado, quer falemos do drama medieval europeu, do balinense ou do Kathakali indiano: essa noção de que a espontaneidade e

EM BUSCA DE UM TEATRO POBRE

a disciplina, longe de se enfraquecerem uma à outra, reforçam-se mutuamente; de que o elementar alimenta o que é elaborado, e vice-versa, para tornar-se a fonte real de um tipo de representação brilhante. Essa lição não foi compreendida nem por Stanislavski, que permitia os impulsos naturais dominarem, nem por Brecht, que deu muita ênfase à construção de um personagem.

Artaud, intuitivamente, viu o mito como o centro dinâmico de uma representação teatral. Só Nietzsche o precedeu nesse domínio. Ele também percebeu que a transgressão do mito renovava seus valores essenciais e "transformava-se num elemento de ameaça que restabelecia as normas desprezadas" (L. Flaszen). No entanto, não se apercebeu do fato de que, no nosso tempo, quando todas as línguas se misturam, a comunidade do teatro não pode, possivelmente, *identificar-se* com o mito, porque não existe nenhuma fé única. Só um *confronto* se torna possível.

Artaud sonhou em produzir novos mitos por intermédio do teatro, mas esse belo sonho nasceu da sua falta de precisão. Pois, embora o mito forme a base ou estrutura para as experiências de gerações inteiras, cabe às gerações subsequentes criá-lo, e não ao teatro. No máximo, o teatro poderia contribuir para a cristalização do mito. Mas aí teria de ser bastante semelhante às ideias correntes para ser criativo.

Um confronto é uma "pesquisa", um teste do que é um valor tradicional. Uma montagem que, como um transformador elétrico, ajuste nossas experiências àquelas das gerações passadas (e vice-versa), uma montagem concebida como um combate contra os valores tradicionais e contemporâneos (enquanto "transgressão") — eis o que me parece a única possibilidade de que o mito funcione no teatro. Uma renovação honesta só pode ser encontrada

ELE NÃO ERA INTEIRAMENTE ELE

nesse duplo jogo de valores, nessa ligação e rejeição, nessa revolta e submissão.

Contudo, Artaud era um profeta. Seus textos ocultam uma teia imensa de profecias, de alusões impossíveis, de visões sugestivas, de metáforas que parecem, a longo alcance, possuir certo sentido. Pois tudo isso está fadado a acontecer. Ninguém sabe como, mas é inevitável. E acontece.

Gritamos em triunfo quando descobrimos insignificantes enganos em Artaud. O símbolo que, no teatro oriental, é apenas uma parte de um alfabeto universalmente conhecido, não pode — como Artaud pretendia — ser transferido para o teatro europeu, no qual cada símbolo deve nascer espontaneamente, em relação com associações psicológicas ou culturais conhecidas, antes de se tornar algo bastante diferente. Todas as divisões feitas por Artaud da respiração, em masculina, feminina e neutra, são uma interpretação errônea dos textos orientais, e tão imperceptíveis, na prática, que não podem ser distinguidas. Seu estudo sobre o "atletismo dos sentimentos" tem certos enfoques corretos, mas no trabalho prático conduziria a gestos estereotipados, um para cada emoção.

No entanto, ele enfoca algo que devemos ser capazes de atingir a partir de caminhos diferentes. Refiro-me ao ponto mais importante da arte do ator: que o ator deve atingir (não tenhamos medo do nome) um ato total, que faça qualquer coisa com todo o seu ser, e não apenas um gesto mecânico (e, portanto, rígido) de braço ou de perna, nem uma expressão facial ajudada por uma inflexão e um pensamento lógico. Nenhum pensamento pode orientar todo o organismo de um ator de forma plena. Deve estimulá-lo, e isso é tudo o que um pensamento pode realmente fazer. Sem envolvimento, seu organismo para de viver, seus impulsos são superficiais. Entre uma reação total e uma reação dirigida por um

EM BUSCA DE UM TEATRO POBRE

pensamento há a mesma diferença existente entre uma árvore e uma planta. Como resultado final, estamos falando da impossibilidade de separar o físico do espiritual. O ator não deve usar seu organismo para ilustrar "um movimento da alma"; deve realizar esse movimento com o seu organismo.

Artaud ensina-nos uma grande lição, que não podemos deixar de aprender. Essa lição é a sua doença. A desgraça de Artaud é que sua doença, a paranoia, diferia da doença da época. A civilização sofre de esquizofrenia, que é uma ruptura entre a inteligência e o sentimento, entre o corpo e a alma. A sociedade não poderia consentir que Artaud fosse doente de maneira diferente. Seguraram-no, torturaram-no com eletrochoques, tentando fazê-lo aprender a razão discursiva e cerebral, isto é, assumir a doença da sociedade. Artaud definiu admiravelmente a sua doença, em uma carta a Jacques Rivière: "Não sou inteiramente eu mesmo." Ele não era apenas ele mesmo, era alguém mais. Nisso residia metade do seu dilema: como ser alguém. Ele deixou a outra parte intocada: como ser um todo, ser completo.

Ele não podia atravessar o abismo profundo entre a zona das suas visões (intuições) e o seu consciente, pois desistiria de tudo ordenadamente; não fez, por isso, nenhuma tentativa para atingir a precisão ou o domínio das coisas. Em vez disso, tornou objetivos o seu caos e a divisão do seu eu. Seu caos era uma imagem autêntica do mundo. Não era uma terapia, mas um diagnóstico, pelo menos aos olhos das outras pessoas. Sua explosão caótica foi sagrada, pois possibilitou a outras pessoas atingirem um autoconhecimento.

Entre os seus sucessores, o caos não é em sentido algum sagrado, ou suficientemente determinado: não há nenhum sentido para que exista, a não ser para ocultar algo de inacabado, uma falta de firmeza. Artaud conferiu expressão ao caos, o que é algo totalmente diferente.

Artaud expressa a ideia de uma grande liberação, uma grande transgressão das convenções, uma purificação por meio da violência e da crueldade; afirma que a evocação dos poderes cegos no palco deveria nos proteger deles na vida. Mas como podemos querer que nos protejam dessa forma, se obviamente nada foi feito nesse sentido? Não é no teatro que os poderes obscuros podem ser controlados; é muito mais provável que tais poderes dirijam o teatro para seus próprios fins. (Embora eu não acredite que se interessem pelo teatro, já que dispõem de outros meios de comunicação de massa.) O teatro, na realidade, nem nos protege nem nos deixa desprotegidos. Não acredito que a explosiva apresentação de Sodoma e Gomorra em um palco acalme ou sublime, de alguma forma, os impulsos pecaminosos pelos quais as duas cidades foram punidas.

E, no entanto, quando Artaud fala de liberação e crueldade, sentimos que se refere a uma verdade que pode ser verificada de outra forma. Sentimos que o ator atinge a essência da sua vocação quando pratica um ato de sinceridade, quando se revela, se abre e se entrega, num gesto solene e extremo, e não se detém diante de qualquer obstáculo estabelecido pelo hábito ou comportamento. E, ainda mais, quando esse ato de extrema sinceridade é modelado num organismo vivo, em impulsos, em uma forma de respirar, em um ritmo de pensamento e de circulação do sangue que são ordenados e trazidos à consciência, não se dissolvendo no caos e na anarquia formal — em uma palavra: quando esse ato realizado através do teatro é total, mesmo que não nos proteja dos poderes sombrios, pelo menos capacita-nos a responder totalmente, isto é, a começar a existir. Porque, no dia a dia, reagimos apenas com metade da nossa potencialidade.

EM BUSCA DE UM TEATRO POBRE

Se falo de um "ato total", é porque acredito que há uma alternativa para o "teatro da crueldade". Mas Artaud permanece como um desafio para nós neste ponto: talvez menos pelo seu trabalho do que pela ideia de uma salvação por meio do teatro. Esse homem nos deu, por meio do seu martírio, um testemunho brilhante do teatro como terapia. Encontrei duas expressões de Artaud que merecem atenção. A primeira é uma advertência de que a anarquia e o caos devem estar ligados a um sentido de ordem, concebido pelo consciente, e não por uma técnica física. Assim, é digna de citação esta frase, para os chamados discípulos de Artaud: "Crueldade é rigor."

A outra frase contém o próprio fundamento do ator: "Os atores devem ser como mártires queimados vivos, que ainda nos fazem sinais, de dentro de suas fogueiras." Eu acrescentaria que esses sinais devem ser articulados, e não podem ser apenas balbucios ou delírios, significando tudo e nada — a não ser que certa obra exija exatamente isso. Com tal condição, afirmamos que tal citação contém, em um estilo oracular, todo o problema da espontaneidade e da disciplina, essa *conjunção de opostos* que origina o ato total.

Artaud foi um grande poeta do teatro, o que significa um poeta das possibilidades do teatro, e não da literatura dramática. Como o profeta mítico Isaías, ele prediz para o teatro algo de definitivo, um novo significado, uma nova encarnação possível. "Então, Emmanuel nasceu." Como Isaías, Artaud sabia da vinda de Emmanuel, da promessa que nisso se continha. Viu a sua imagem através de um vidro, obscuramente.

Investigação metódica

Este artigo de Jerzy Grotowski foi escrito para explicar os objetivos do seu Instituto. Foi publicado em *Tygodnik Kulturalny* (Varsóvia, 17/1967).

I

Que é o Instituto Bohr?

Bohr e sua equipe fundaram uma instituição de natureza extraordinária. É um ponto de encontro onde médicos de diferentes países fazem experiências e dão seus primeiros passos na "terra de ninguém" de sua profissão. Nele comparam suas teorias e recorrem à "memória coletiva" do Instituto.

Essa "memória" guarda um inventário detalhado de todas as pesquisas feitas, inclusive as mais audaciosas, e é continuamente enriquecida por novas hipóteses e resultados obtidos pelos médicos.

Niels Bohr e seus colaboradores tentaram descobrir, nesse oceano de pesquisa comum, certas tendências orientadoras. Forneceram estímulo e inspiração na esfera de sua disciplina. Graças ao trabalho de homens a quem eles tanto acolheram quanto estimularam, puderam compilar dados essenciais e benefícios, extraídos das possibilidades industriais dos países mais desenvolvidos do mundo.

O Instituto Bohr me fascinou durante muito tempo, como um modelo que ilustra um certo tipo de atividade. Claro, o teatro não é uma disciplina científica, muito menos a arte do ator, na qual minha atenção está centralizada. No entanto, o teatro, e em particular a técnica do ator, não pode — como Stanislavski afirmou — basear-se apenas na inspiração ou em outros fatores imprevisíveis, como uma explosão de talento ou o súbito e surpreendente desenvolvimento de possibilidades criativas etc. Por quê? Porque, ao contrário das outras matérias artísticas, a criação do ator é imperativa, isto é, situa-se dentro de determinado período de tempo, e até de um momento preciso. O ator não pode esperar por uma irrupção de talento ou por um momento de inspiração.

Como, então, pode-se fazer com que tais fatores apareçam quando necessários? Obrigando o ator, que deseja ser criativo, a dominar um método.

II

Em nossa opinião, as condições essenciais à arte de representar (que devem ser objetos de uma pesquisa metódica) são as seguintes:

a) Estimular um processo de autorrevelação, recuando até o subconsciente e canalizando este estímulo para obter a reação necessária.

b) Poder articular tal processo, discipliná-lo e convertê-lo em gestos. Em termos concretos, isso significa compor uma partitura, cujas notas sejam minúsculos pontos de contato, reações ao estímulo do mundo exterior: aquilo a que chamamos de "dar e tomar".

c) Eliminar do processo criativo as resistências e os obstáculos causados pelo organismo de cada um, tanto o físico quanto o psíquico (os dois formando um todo).

INVESTIGAÇÃO METÓDICA

Como podem as leis que governam tais processos pessoais e individuais ser expostas objetivamente? Como podemos até mesmo definir leis objetivas, sem fornecer uma "fórmula" (pois todas as "fórmulas" só terminam em banalidades)?

Acreditamos que, para atingir tal individualidade, não é necessário o aprendizado de coisas novas, mas a eliminação de hábitos antigos. Deve ser claramente estabelecido para cada ator aquilo que bloqueia suas associações íntimas e ocasiona sua falta de decisão, o caos da sua expressão e a sua falta de disciplina: o que o impede de experimentar o sentimento da sua própria liberdade, que seu organismo é completamente livre e poderoso, e que nada está além das suas capacidades. Em outras palavras, como podem ser tais obstáculos eliminados?

Retiramos do ator aquilo que o prende, mas não lhe ensinamos como criar — por exemplo, como interpretar *Hamlet*, em que consiste o gesto trágico, como representar uma farsa — pois é precisamente nesse "como" que as sementes da banalidade e dos clichês, que desafiam a criação, são plantadas.

Fazer uma pesquisa desse tipo já é colocar-se nos limites de disciplinas científicas como a fonologia, a psicologia, a antropologia cultural, a semiologia etc.

Um instituto que se dedica a pesquisas desse tipo deve, como o Instituto Bohr, ser um local de encontros, observações e destilação das experiências recolhidas pelos indivíduos mais capazes nos campos dos diferentes teatros de cada país. Embora levando em consideração o fato de que o domínio no qual a nossa atenção está centrada não é científico, e de que nem tudo pode ser definido (na verdade, muitas coisas não devem ser), tentamos, contudo, determinar nossos objetivos com a precisão e a consequência características da pesquisa científica.

O ator que trabalha aqui já é um profissional, porque não apenas seu trabalho criativo, mas as leis que o regulam tornaram-se objeto de suas preocupações. Um instituto para pesquisa metodológica não deve ser confundido com uma escola que treina atores, e cuja finalidade é "lançá-los". Nem deve ser essa atividade confundida com teatro (no sentido normal do termo); embora a verdadeira essência da pesquisa exija a elaboração de uma montagem e seu confronto com uma plateia. Não podemos estabelecer um método se permanecermos indiferentes ao ato criativo.

III

Interesso-me pelo ator porque ele é um ser humano. Isso envolve dois pontos principais: primeiro, o meu encontro com outra pessoa, o contato, o sentimento mútuo de compreensão, e a impressão criada pelo fato de que nos abrimos para outro ser, que tentamos compreendê-lo; em síntese, uma superação da nossa solidão. Segundo ponto consiste na tentativa de entender a nós mesmos por meio do comportamento de outro homem, de encontrar-se nele. Se o ator reproduz um ato que eu lhe ensinei, trata-se de um tipo de "veste". O resultado é uma ação banal do ponto de vista metodológico, e, no meu íntimo, eu o considero estéril, pois nada foi revelado para mim. Mas se, numa colaboração íntima, atingimos o ponto em que o ator se revela por meio de uma expressão, então considero que, do ponto de vista metodológico, isso foi efetivo. Então, terei sido pessoalmente enriquecido, pois naquela expressão um tipo de experiência humana me foi revelada, algo tão especial que deveria ser definido como um destino, uma condição humana.

INVESTIGAÇÃO METÓDICA

Isso se aplica ao relacionamento entre o diretor e o ator, mas tal conceito se estende a todo o grupo, uma nova perspectiva se abre nos limites dessa vida coletiva, no terreno comum das nossas convicções, nossas crenças, nossas superstições e nas condições da vida contemporânea.

Se esse terreno comum existe, inevitavelmente chegaremos, com toda a sinceridade, a um confronto entre a tradição e a contemporaneidade, entre o mito e a descrença, o subconsciente e a imaginação coletiva.

Não monto uma peça para ensinar aos outros o que já sei. Só depois da montagem ficar pronta, e não antes, é que terei aprendido mais. Todo método que não se abre no sentido do desconhecido é um mau método.

Quando digo que a ação — se não se quer que sua reação fique sem vida — deve absorver toda a personalidade do ator, não estou falando de algo "externo", como os gestos ou truques exagerados. Que quero dizer, então? É uma questão que envolve a própria essência da vocação do ator, de uma reação, de sua parte, que lhe permita revelar cada um dos esconderijos da sua personalidade, desde a fonte instintivo-biológica por meio do canal da consciência e do pensamento, até aquele ápice tão difícil de definir e onde tudo se transforma em unidade. Esse ato de total desnudação de um ser transforma-se numa doação do eu que atinge os limites da transgressão das barreiras e do amor. Chamo isso um ato total. Se o ator age dessa maneira, transforma-se numa espécie de provocação para o espectador.

Do ponto de vista metodológico, isso é eficaz, pois confere ao ator um máximo de poder sugestivo, na condição, claro, de que evite o caos, a histeria e a exaltação. Deve ser um ato objetivo;

quer dizer, articulado, disciplinado. Mas acima e além da eficácia metódica, uma nova perspectiva se abre para o espectador. A realização do ator constitui uma superação das meias medidas da vida cotidiana, do conflito interno entre corpo e alma, intelecto e sentimentos, prazeres fisiológicos e aspirações espirituais. Por um momento, o ator encontra-se fora do semicompromisso e do conflito que caracterizam nossa vida cotidiana. Ele faz isso para o espectador? A expressão "para o espectador" implica certo coquetismo, certa falsidade, numa barganha consigo mesmo. Devemos dizer "em relação ao" espectador ou, talvez, em lugar dele. É precisamente aqui que está a provocação.

Falo do método, falo da superação dos limites, de um confronto, de um processo de autoconhecimento e, em certo sentido, de uma terapia. Esse método deve permanecer aberto — sua própria vida depende desse requisito — e é diferente para cada indivíduo. É assim que deve ser, pois sua natureza intrínseca exige que seja individual.

O treinamento do ator
(1959-1962)

Os exercícios deste capítulo são o resultado de pesquisa e trabalho feitos durante os anos de 1959-1962. Foram anotados por Eugenio Barba, no período que passou no Teatro Laboratório, e suplementados com comentários meus e dos nossos instrutores, que, sob a minha orientação, dirigiram o treinamento.

Durante esse tempo, estava eu procurando uma técnica positiva ou, em outras palavras, determinado método de formação capaz de dar objetivamente ao ator uma técnica criativa que se enraizasse na sua imaginação e em suas associações pessoais. Alguns elementos desses exercícios foram mantidos durante o período de treinamento, mas seu objetivo mudou. Todos os exercícios que constituíam apenas uma resposta à pergunta "Como se pode fazer isso?" foram eliminados. Tornaram-se, então, um pretexto para elaborar uma forma pessoal de treinamento. O ator deve descobrir as resistências e os obstáculos que o prendem na sua forma criativa. Assim, os exercícios adquirem a possibilidade de sobrepujar os impedimentos pessoais. O ator não se pergunta mais "Como posso fazer isto?" Em vez disso, deve saber o que *não* fazer, o que o impede. Por meio de uma adaptação pessoal dos exercícios, deve-se encontrar solução para a eliminação desses obstáculos, que variam de ator para ator.

Isto é o que quero dizer quando falo em *via negativa*: um processo de eliminação. A diferença entre o treinamento de 1959-1962 e a fase subsequente é mais acentuada nos exercícios físicos e vocais. Em sua maioria, os elementos básicos dos exercícios físicos foram mantidos, mas têm sido orientados para uma busca de contato: a recepção de um estímulo do exterior e a reação a ele (o processo de "dar e tomar" já mencionado em outra parte). As caixas de ressonância ainda são usadas nos exercícios vocais, mas agora colocadas em ação por meio de vários tipos de impulsos e de contato com o exterior.

Na teoria, não há exercícios respiratórios. Expliquei minhas razões para eliminá-los no capítulo "A técnica do ator" (p. 201). De acordo com cada caso individual, descobrem-se as dificuldades que aparecem, determinando as suas causas e logo eliminando-as. Não trabalhamos diretamente com a respiração, mas corrigimo-la com de exercícios individuais que são quase sempre de natureza psicofísica.

Jerzy Grotowski

* * *

O treinamento consiste em exercícios elaborados pelos atores e adotados de outros sistemas. Mesmo os que não resultaram de uma pesquisa pessoal do ator foram desenvolvidos e elaborados a fim de satisfazer os objetivos precisos do método. A terminologia pertinente aos exercícios escolhidos foi posteriormente alterada. Uma vez que os atores adotem dado exercício, estabelecem um nome para ele, com base em suas ideias e associações pessoais. Conscientemente, tendemos a usar uma gíria especial, desde que isso atue de forma estimulante sobre a nossa imaginação.

O TREINAMENTO DO ATOR (1959-1962)

O que se segue é um esboço inacabado de um dia de treinamento.

A. EXERCÍCIOS FÍSICOS

I. *Aquecimento*

1) Marcha rítmica, girando os braços e as mãos.
2) Corrida na ponta dos pés. O corpo deve sentir uma sensação de fluidez, voo, imponderabilidade. O impulso para a corrida vem dos ombros.
3) Marcha com os joelhos dobrados, mãos nos quadris.
4) Marcha com os joelhos dobrados, segurando o tornozelo.
5) Marcha com os joelhos ligeiramente dobrados, mãos tocando os lados dos pés.
6) Marcha com os joelhos ligeiramente dobrados, segurando os artelhos com os dedos.
7) Marcha com as pernas tensas e rígidas, como se estivessem sendo puxadas por cordas imaginárias atadas às mãos (os braços estendidos para a frente).
8) Partindo de uma posição agachada, dar pequenos saltos para a frente, sempre permanecendo na posição original agachada, com as mãos ao lado dos pés.

Nota: Mesmo durante esses exercícios de aquecimento, o ator deve justificar cada detalhe do treinamento com uma imagem precisa, real ou imaginária. O exercício só é corretamente executado se o corpo não opuser qualquer resistência durante a realização da imagem em questão. O corpo deve parecer sem peso, tão maleável quanto o plástico aos impulsos, tão duro quanto o aço quando atua como suporte, capaz até de vencer a lei da gravidade.

EM BUSCA DE UM TEATRO POBRE

II. *Exercícios para relaxar os músculos e a coluna vertebral*

1) "O gato". Este exercício se baseia na observação do gato quando acorda e se espreguiça. O ator estende-se no chão, com o rosto para baixo, completamente relaxado. As pernas estão separadas e os braços juntos do corpo, as palmas viradas para o chão. O "gato" acorda e puxa as mãos em direção ao peito, mantendo os cotovelos para cima, de forma que as palmas das mãos formem uma base de sustentação. Os quadris levantam-se, enquanto as pernas "andam" nas pontas dos pés em direção às mãos. Levante e estenda a perna esquerda para o lado, erguendo e estendendo ao mesmo tempo a cabeça. Recoloque a perna esquerda no chão, apoiada nas pontas dos dedos. Repita o mesmo movimento com a perna direita, a cabeça ainda levantada. Estenda a coluna vertebral, colocando o centro de gravidade primeiro no centro da coluna, e depois mais acima, na nuca. Então, volte à posição original e caia de costas, relaxando.

2) Imagine que tem uma corrente de metal em volta do tórax. Force-a por meio de uma expansão vigorosa do tronco.

3) De cabeça para baixo, com os pés juntos na parede. As pernas vão se abrindo lentamente, até atingirem a maior abertura possível.

4) Posição de descanso. De cócoras, com a cabeça caída para a frente e os braços balançando entre os joelhos.

5) Posição ereta, com as pernas juntas e firmes. Flexione o tronco em direção ao solo até que a cabeça toque os joelhos.

6) Vigorosa rotação do tronco da cintura para cima.

7) Mantendo as pernas juntas, salte para uma cadeira. O impulso para o salto não vem das pernas, mas do tronco.

O TREINAMENTO DO ATOR (1959-1962)

8) Acrobacias parciais ou totais.

9) Partindo da posição ereta, jogue o corpo para trás formando uma "ponte" até que as mãos toquem o chão, por trás.

10) Posição deitada, de costas. Vire o corpo vigorosamente da esquerda para a direita.

11) Da posição ajoelhada, jogue o corpo para trás formando uma "ponte" até que a cabeça toque o chão.

12) Saltos imitando o canguru.

13) Sente-se no chão com as pernas juntas e estendidas para a frente, o corpo ereto. As mãos, colocadas por trás do pescoço, pressionam a cabeça para a frente e para baixo, até tocar os joelhos.

14) Marcha sobre as mãos e os pés, o peito e o abdome virados para cima.

Nota: É igualmente incorreto realizar estes exercícios de um modo inanimado. *O exercício serve para a pesquisa.* Não se trata de uma mera repetição automática ou de um tipo de massagem muscular. Por exemplo, durante os exercícios deve-se investigar o centro de gravidade do corpo, o mecanismo de contração e de relaxamento dos músculos, a função da coluna nos diversos movimentos violentos, analisar qualquer desenvolvimento complicado e relacioná-lo ao conjunto de cada junta e cada músculo. Tudo isso é estritamente individual e resulta de uma pesquisa contínua e total. Somente os exercícios que "pesquisam" abrangem todo o organismo do ator e mobilizam seus recursos ocultos. Os exercícios "repetidos" oferecem resultados inferiores.

III. *Exercícios "de cabeça para baixo"*

Nota: Estes exercícios são mais posições do que acrobacias e, de acordo com os princípios de Hatha Yoga, devem ser executados de modo bastante lento. Um dos principais objetivos da sua prática é o estudo das modificações que ocorrem no organismo; principalmente o estudo da respiração, o ritmo cardíaco, as leis de equilíbrio e o relacionamento entre posição e movimento.

1) De cabeça para baixo, usando a testa e as mãos como apoio.
2) De cabeça para baixo, posição Hatha Yoga.
3) De cabeça para baixo, apoiado no ombro esquerdo (ou direito), na face e no braço.
4) De cabeça para baixo, apoiado pelo antebraço.

IV. *Voo*

1) Agache-se numa posição curvada, pule e balance como um pássaro que se prepara para voar. As mãos ajudam o movimento como se fossem asas.
2) Ainda pulando, aprume a posição, enquanto as mãos batem como asas num esforço para erguer o corpo.
3) Imite um voo com sucessivos movimentos semelhantes ao ato de nadar. Enquanto o corpo está executando esses movimentos de natação, há apenas um ponto de contato com o chão (por exemplo, o calcanhar de um pé). Execute rápidos saltos para a frente, ainda apoiado no calcanhar de um pé. Outro método é o seguinte: tente lembrar a sensação de voar que se experimenta em um sonho e espontaneamente recrie essa forma de voo.

4) Pouse como um pássaro.

Nota: Combine esses exercícios com outros baseados em quedas, cambalhotas, saltos etc. Deve-se tentar executar um longo salto de voo, que começa como um pássaro tomando impulso e termina com seu pouso.

V. *Saltos e cambalhotas*

1) Cambalhotas para a frente, use a cabeça como apoio.
   a) Cambalhotas para a frente, ajude-se com uma das mãos.
   b) Cambalhotas para a frente, sem uso das mãos.
   c) Cambalhotas para a frente, terminando sobre uma perna.
   d) Cambalhotas para a frente, com as mãos atrás das costas.
   e) Cambalhotas para a frente com um ombro tocando o chão para Capoio.
2) Cambalhotas para trás.
3) Pulo de tigre (mergulhando a cabeça). Com ou sem corrida preparatória, braços estendidos, pule sobre um obstáculo em cambalhota, caindo sobre um ombro. Levante-se com o mesmo movimento.
   a) Salto de tigre alto.
   b) Salto de tigre demorado.
4) Salto de tigre seguido imediatamente de uma cambalhota para trás.
5) Cambalhota com o corpo rígido, como se fosse uma marionete, mas como se tivesse uma mola dentro dela.
6) Salto de tigre dado simultaneamente por dois atores que se cruzam no ar em alturas diferentes.
7) Salto de tigre combinado com cambalhotas em situações de "batalha", usando varas ou outras armas.

Nota: Em todos esses exercícios, além do fator "pesquisa" e do estudo do próprio organismo, há também um elemento de ritmo e dança. Os exercícios — especialmente nos casos das variações de "batalha" — são executados ao som de um tambor, tamborim ou outro instrumento, de forma a que tanto o executor do exercício como aquele que toca o tambor improvisem e produzam um estímulo recíproco. Nas sequências da "batalha", as reações físicas são acompanhadas por gritos espontâneos e inarticulados. O ator deve justificar todos esses exercícios semiacrobáticos por meio de motivações pessoais, pressionando as fases iniciais e finais do exercício.

VI. *Exercícios para os pés*

1) Fique no chão com as pernas levantadas. Faça os seguintes movimentos com os pés:
   a) Flexão e estiramento dos artelhos, para a frente e para trás.
   b) Flexão e estiramento dos artelhos para os lados.
   c) Movimento rotativo dos pés.
2) Posição de pé:
   a) Flexione os joelhos com os braços abertos, mantendo a planta dos pés no mesmo lugar o tempo todo.
   b) Ande nos lados dos pés.
   c) Marcha do pombo (com as pontas dos pés voltadas para dentro, os calcanhares afastados) nas pontas dos pés.
   d) Marche sobre os calcanhares.
   e) Flexione os artelhos em direção à sola dos pés e depois para cima, na direção oposta.
   f) Pegue pequenos objetos com os artelhos (uma caixa de fósforos, um lápis etc.).

O TREINAMENTO DO ATOR (1959-1962)

VII. *Exercícios mímicos concentrados principalmente nas mãos e pernas*

VIII. *Estudos de representação sobre qualquer tema, executados enquanto se anda e corre*

B. EXERCÍCIOS PLÁSTICOS

I — *Exercícios elementares*

Nota: Estes exercícios são baseados em Dalcroze e outros métodos clássicos europeus. Seu princípio fundamental é o estudo dos vetores opostos. Particularmente importante é o estudo dos vetores dos movimentos opostos (por exemplo, a mão faz movimentos circulares em uma direção, o cotovelo, na direção oposta) e das imagens contrastantes (por exemplo, a mão aceita, enquanto a perna rejeita). Dessa forma, cada exercício está subordinado à "pesquisa" e ao estudo dos meios de expressão de cada um, das resistências e dos centros comuns do organismo.

1) Ande ritmadamente com os braços estendidos para os lados. Gire os ombros e os braços, puxando os cotovelos para trás o mais longe possível. As mãos giram na direção oposta dos ombros e dos braços. O corpo inteiro reforça tais movimentos e, enquanto giram, os ombros levantam-se, absorvendo o pescoço. Imagine um golfinho. Aumente gradualmente o ritmo das rotações. Faça com que o corpo aumente de altura, andando na ponta dos pés.

2) "Cabo de guerra": uma corda imaginária é esticada à sua frente, e deve ser usada para permitir o seu avanço. Não são as mãos nem os braços que ajudam o corpo, mas o

tronco, que se adianta em direção às mãos. Force-se para a frente até que a perna, atrás, toque o chão com o joelho. O movimento do corpo deve ser rápido e forte como a proa de um navio sulcando uma onda violenta.

3) Dê um salto nas pontas dos pés, curvando os joelhos no momento de cair. Volte a uma posição de pé com um movimento energético e elástico, ainda na ponta dos dedos, seguindo-se de uma flexão dos joelhos. O impulso vem da cintura, que age como a corrente que regula a fase de flexão e o salto que se segue. Os braços estão estirados para os lados e, enquanto uma palma acaricia, a outra rejeita. Deve-se ter a sensação de muita leveza, suavidade e elasticidade como uma esponja de borracha.

4) Movimentos rotativos opostos. Posição de pé com as pernas separadas. Faça quatro rotações com a cabeça para a direita; depois, com o tronco, movimente-se para a esquerda; a coluna vertebral para a direita; os quadris para a esquerda; a perna esquerda para a direita; a coxa para a esquerda; o tornozelo para a direita, e assim por diante, com o braço direito girando para a esquerda; o antebraço, para a direita; e a mão, para a esquerda. O corpo inteiro participa, mas o impulso vem da base da coluna.

5) De pé, com as pernas separadas e os braços estendidos acima da cabeça, as palmas tocando-se. Rotação do tronco, curvando-se para o chão o máximo possível. Os braços acompanham esse movimento duplo de rotação e flexão. Volte à posição inicial e, flexionando para trás, complete o exercício numa "ponte".

O TREINAMENTO DO ATOR (1959-1962)

6) Marcha rítmica. O primeiro passo é normal; no segundo, flexione os joelhos até que as nádegas toquem os calcanhares, mantendo o tronco ereto. Levante-se para uma posição de pé, no mesmo ritmo, e repita a mesma sequência de passo normal alternado com uma flexão de joelho.

7) Improvisações com as mãos. Toque, alise, sinta, acaricie diversos objetos, materiais, texturas. Todo o corpo expressa essas sensações táteis.

8) Jogos com o próprio corpo. Elabore uma tarefa concreta, como opor um lado do corpo ao outro. O lado direito é gracioso, belo, com movimentos atraentes e harmoniosos. O lado esquerdo, ciumentamente, olha o direito, expressando em seus movimentos seu ressentimento e seu ódio. Ataca o lado direito para vingar-se da sua inferioridade e tenta degradá-lo, destruí-lo. O lado esquerdo vence, mas ao mesmo tempo está fadado a perder, pois sem o lado direito não pode sobreviver, não pode se movimentar. Esse é apenas um exemplo. O corpo pode facilmente ser dividido em seções opostas; por exemplo, a parte superior e a parte inferior. Os membros podem se opor uns aos outros — uma das mãos contra uma perna, uma perna contra a outra, a cabeça contra a mão etc. O que é importante é o total compromisso da imaginação de cada um, que deve dar vida e significado não apenas às partes do corpo diretamente motivadas, mas também àquelas que não estejam. Por exemplo, durante uma luta entre uma das mãos e a outra, as pernas devem expressar horror e a cabeça, espanto.

9) Movimentos inesperados. Faça um movimento como, por exemplo, a rotação dos dois braços. Esse movimento começa

EM BUSCA DE UM TEATRO POBRE

em uma direção, depois de alguns segundos mostra estar errado, isto é, o oposto do que se pretendia. A direção é então modificada, depois de um breve momento de imobilidade. O início do movimento deve ser sempre enfatizado, e depois subitamente modificado — após um momento de imobilidade — para o movimento correto. Outro exemplo: comece a andar vagarosamente, como se tivesse dificuldade. De repente, depois de parar por alguns momentos, comece a correr rápida e graciosamente.

II. *Exercícios de composição*

Nota: Estes exercícios foram adaptados de acordo com o processo de formação dos ideogramas gesticulatórios dos teatros antigo e medieval, tanto da Europa quanto da África e do Oriente. Não se trata, no entanto, de um problema de fixar ideogramas, como, por exemplo, na Ópera de Pequim, onde, para retratar uma flor, o ator deve fazer um gesto específico e imutável, herdado de séculos de tradição. Novos ideogramas devem ser constantemente procurados, e sua composição aparece imediata e espontaneamente. O ponto de partida para tais formas gesticulatórias é o estímulo da imaginação de cada um e a descoberta, em cada um, das reações humanas primitivas. O resultado final é uma forma viva, que possui sua lógica própria. Tais exercícios de composição têm possibilidades ilimitadas. Aqui serão apresentados apenas alguns que podem ser desenvolvidos.

1) O florescimento e o emurchecimento do corpo. Andar ritmadamente. Como numa planta, a seiva cresce, partindo dos pés e espalhando-se para cima, ao longo de todo o cor-

O TREINAMENTO DO ATOR (1959-1962)

po, atingindo os braços, que explodem em botões, como, na verdade, acontece de verdade com o corpo inteiro. Na segunda fase, os ramos secam e morrem um por um. Termine o exercício no mesmo ritmo em que foi começado.

2) A imagem do animal. Não consiste na imitação realista e literal de um animal de quatro patas. Não se "representa" um animal, mas invade-se o subconsciente para criar uma figura de animal cujos caracteres particulares expressem um aspecto da condição humana. Podemos partir de uma associação. Que animal associamos à piedade, à astúcia, à sabedoria? A associação não pode ser banal, estereotipada — o leão representando a força, a raposa, a astúcia etc. É também importante determinar o centro de vitalidade do animal (o focinho para o cachorro, a espinha para o gato, a barriga para a vaca etc.).

3) Por meio de associações com gente, situações, lembranças, metamorfoseie-se em uma árvore. Os músculos reagem, expressando a associação pessoal. Para começar, deve-se concentrar essas associações em uma parte específica do corpo. Assim que as reações aumentem de intensidade, o resto do corpo é incluído. A vitalidade dessa árvore, sua tensão, seu descanso. Micromovimentos são alimentados pela associação.

4) A flor. Os pés são as raízes, o corpo é o talo e as mãos representam a corola. Todo o corpo vive, treme, vibra com o processo imperioso da explosão em flores, guiado pelas associações de cada um. Dar à "flor" um sentido lógico, que pode ser ao mesmo tempo triste, trágico e perigoso. A "flor" está separada do processo que a criou e a parte dela

que é representada pelas mãos deve ser usada como um gesto retórico num diálogo.

5) Ande com os de pés descalços, imaginando que pisa em diferentes tipos de chão, superfície, matéria (macio, áspero, seco, molhado, liso, acidentado, com neve, areias ardentes, à beira d'água etc.). Os pés são o centro da expressividade, comunicando suas reações para o restante do corpo. Repita o mesmo exercício usando sapatos e tente reter a expressão dos pés descalços. O mesmo exercício é aplicado às mãos que sentem, tocam, acariciam matérias e superfícies específicas (ainda imaginárias). Depois, faça as mãos e os pés reagirem simultaneamente, algumas vezes com impulsos opostos.

6) Analogia com um recém-nascido.

   a) Observe um recém-nascido e compare suas reações às do seu próprio corpo.

   b) Procure qualquer vestígio da infância em seu próprio comportamento (por exemplo, alguém fuma como uma criança mamando o seio da mãe).

   c) Encontre os estímulos que revivem as necessidades da infância (por exemplo, uma pessoa que transmita uma sensação de segurança, o desejo de chupar, a necessidade de uma sensação de calor, interesse pelo próprio corpo, desejo de consolo).

7) Estudo de diferentes tipos de passos.

   a) O tipo de passo determinado pela idade, transferindo o centro do movimento para as diferentes partes do corpo. Na infância, as pernas são o centro do movimento; no período da puberdade, os ombros; na idade adulta, o tronco; na maturidade, a cabeça; na velhice, as pernas

O príncipe constante: Os perseguidores confessam seus pecados à sua vítima (Rena Mirecka e Ryszard Cieslak).
Foto: Teatro Laboratório.

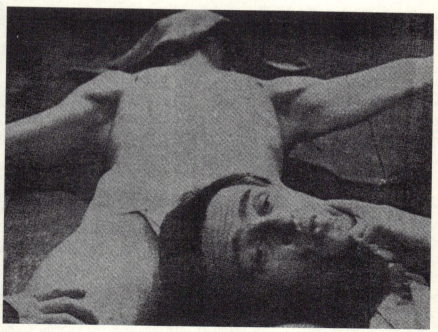

O príncipe constante: Morte do príncipe constante.
Agora, chegou a vez de homenageá-lo e a outros matar em seu nome.
Foto: Samosiuk.

O príncipe constante: *Pietà*.
O príncipe constante é abraçado por um de seus perseguidores.
Foto: Teatro Laboratório.

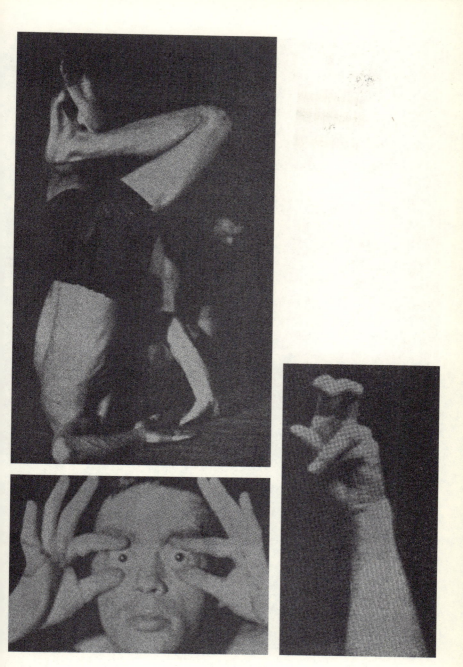

Exercícios de treinamento.
Foto: Teatro Laboratório Fredi Graedl.

Akropolis: Luta entre Jacó e o Anjo (Zbigniew Cynkutis e Zygmunt Molik).
Foto: Teatro Laboratório.

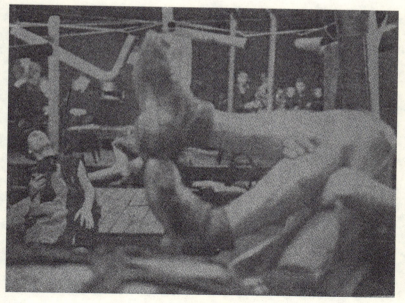

Akropolis: Descanso dos prisioneiros.
Foto: Teatro Laboratório.

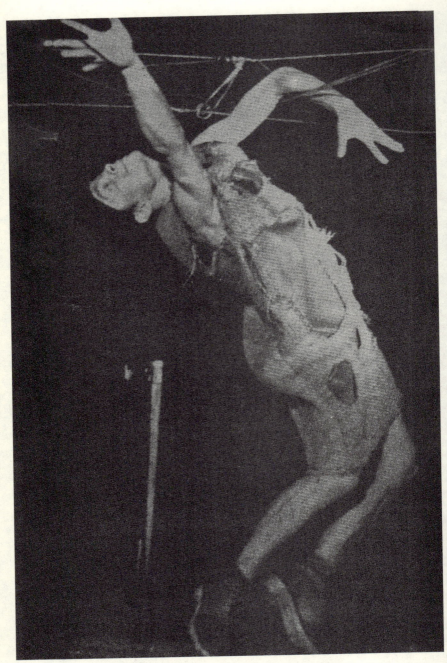

Akropolis: Esaú (Ryszard Cieslak) entoa um louvor à liberdade da vida do caçador.
Foto: Teatro Laboratório.

Dr. Fausto: Monólogo de Faustus decidindo-se a tomar o caminho da magia (Zbigniew Cynkutis). Foto: Opiola-Moskwiak.

Dr. Fausto: Fausto apazigua Benvólio (Zbigniew Cynkutis e Ryszard Cieslak). Foto: Opiola-Moskwiak.

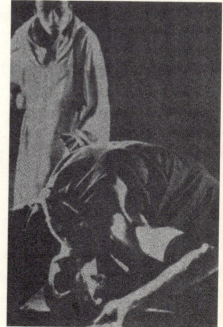

Akropolis: Máscaras criadas exclusivamente com os músculos faciais (Zygmunt Molik, Zbigniew Cynkutis, Rena Mirecka).
Foto: Teatro Laboratório.

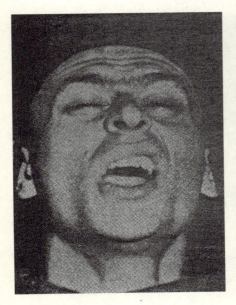

O TREINAMENTO DO ATOR (1959-1962)

outra vez. Observe as modificações no ritmo vital. Para o adolescente, o mundo é lento em relação aos seus movimentos, enquanto que para o velho o mundo se movimenta muito depressa. Essas são, claro, apenas duas das chaves possíveis de interpretação.

b) Tipos de passo dependendo de diferentes dinamismos físicos (fleumático, belicoso, nervoso, sonolento etc.).

c) Passos como uma forma de desmascarar as características que gostaríamos de esconder dos outros.

d) Diferentes tipos de passos dependendo das características psicológicas e patológicas.

e) Paródias dos passos das outras pessoas. O essencial, aqui, é apreender os motivos, e não o resultado do jeito de andar. O desmascaramento está fadado a ser superficial se não contiver um elemento de autoironia, se o riso à custa dos outros não for também à custa da própria experiência.

8) Escolha um impulso emocional (chorar, por exemplo) e transfira-o para uma parte particular do corpo — como um pé, que então terá de fornecer a expressão. Um exemplo concreto disto é Eleonora Duse, que, sem usar o rosto ou os braços, "beijava" com todo o corpo. Expressar dois impulsos contrastantes, com duas partes diferentes do corpo: as mãos riem enquanto os pés choram.

9) Apreenda a luz com as partes do corpo. Anime essas partes, criando formas, gestos, movimentos.

10) Modelagem dos músculos: o ombro chora como um rosto; o abdome exulta; um joelho mostra voracidade.

C. EXERCÍCIOS DA MÁSCARA FACIAL

Estes exercícios se baseiam em várias sugestões feitas por Delsarte, particularmente em sua divisão de cada reação facial em impulsos introversivos e extroversivos. Cada reação pode, na realidade, ser incluída em uma das categorias seguintes:

I. *Movimento criando contato com o mundo exterior (extroversivo).*
II. *Movimento que tende a chamar atenção do mundo exterior a fim de concentrá-lo no sujeito (introversivo).*
III. *Estágios intermediários e neutros.*

Um exame minucioso do mecanismo desses três tipos de reação é muito útil para a composição de um personagem. Baseado nesses três tipos de reação, Delsarte fornece uma análise detalhada e exata das reações do corpo humano e até de partes do corpo, como as sobrancelhas, os cílios, as pálpebras, os lábios etc. A interpretação que Delsarte dá desses três tipos de reação não é, no entanto, aceitável, uma vez que está condicionada às convenções teatrais do século XIX. Uma interpretação puramente pessoal deve ser feita.

As reações da face correspondem intimamente às reações de todo o corpo. Isso não isenta o ator, no entanto, de executar exercícios faciais. A esse respeito, além dos conselhos de Delsarte, o tipo de treinamento para a musculatura facial usada pelo ator do teatro clássico indiano, o Kathakali, é apropriado e útil.

O referido treinamento visa a controlar cada músculo da face, transcendendo, dessa forma, a mímica estereotipada. Implica uma consciência de cada um dos músculos faciais do ator. É muito importante colocar em movimento, simultaneamente, mas em ritmos diferentes, os vários músculos do rosto. Por exemplo, fazer as pálpebras baterem rapidamente, enquanto os músculos das faces tremem lentamente, ou fazer o lado direito reagir vivamente, enquanto o esquerdo se mostra meio preguiçoso.

* * *

Todos os exercícios descritos neste capítulo devem ser executados sem interrupção, sem pausa para descanso ou reações privadas. Mesmo os pequenos descansos devem ser incorporados como uma parte integral do exercício, cujo objetivo não é um desenvolvimento muscular ou um perfeccionismo físico, mas um processo de investigação visando ao aniquilamento das resistências do corpo.

TÉCNICA DA VOZ

O poder da emissão

Atenção especial deve ser prestada ao poder da emissão da voz de modo a que o espectador não apenas escute a voz do ator perfeitamente, mas seja penetrado por ela como se fosse estereofônica. O espectador deve ser envolvido pela voz do ator, como se ela viesse de todos os lados, e não apenas de onde o ator está. As diversas paredes devem falar com a voz do ator. Essa preocupação com o poder de emissão da voz é profundamente necessária, a fim de evitar problemas vocais que possam se tornar sérios.

O ator deve explorar sua voz para produzir sons e entonações que o espectador seja incapaz de reproduzir ou imitar.

As duas condições necessárias para um bom poder de emissão vocal são:

a) A coluna de ar que emite o som deve sair com força, e sem encontrar obstáculos (por exemplo, uma laringe fechada ou uma abertura insuficiente dos maxilares).
b) O som deve ser amplificado por caixas de ressonância fisiológicas.

Tudo está intimamente ligado com a respiração. Se o ator só respirar com o peito ou o abdome, não poderá armazenar muito ar, e assim será forçado a economizá-lo, fechando a laringe e distorcendo, com isso, a voz, e eventualmente provocando desordens vocais. Todavia, por meio de uma respiração total (torácica superior e abdominal), ele poderá acumular uma quantidade mais do que necessária de ar. Para isso, é vital que a coluna de ar não encontre qualquer obstáculo, como o fechamento da laringe ou a tendência a falar com os maxilares apenas entreabertos.

Respiração

Observações empíricas revelam três tipos de respiração:

a) Respiração torácica superior, ou peitoral, predominante na Europa, principalmente nas mulheres.
b) Respiração inferior ou abdominal. O abdome expele sem que o tórax seja usado de forma alguma. Esse é um tipo de respiração ensinado usualmente nas escolas de teatro.
c) Respiração total (torácica superior e abdominal), a fase abdominal sendo a dominante. Esse é o tipo mais higiênico e funcional, e é verificado nas crianças e nos animais.

A respiração total é a mais eficaz para o ator. No entanto, não devemos ser dogmáticos a esse respeito. A respiração de cada ator

O TREINAMENTO DO ATOR (1959-1962)

varia de acordo com sua constituição fisiológica; o fato de ele adotar ou não a respiração total deve depender disso. Há também certa diferença natural entre as possibilidades respiratórias dos homens e das mulheres, sendo o elemento torácico superior muito mais desenvolvido nos homens. O ator deve praticar diferentes tipos de respiração, desde que as várias posições e ações físicas (acrobáticas, por exemplo) exijam outro tipo de respiração que não a total.

É necessário acostumar-se à respiração total. Isto é, devemos ser capazes de controlar o funcionamento dos órgãos respiratórios. É do conhecimento de todos que as diferentes escolas de yoga — inclusive a Hatha Yoga — exigem uma prática diária das técnicas respiratórias, a fim de controlar e explorar a função biológica da respiração, que se torna automática. Daí a necessidade de uma série de exercícios para criar uma conscientização do processo respiratório.

Seguem-se, aqui, diversos métodos de verificação da respiração total.

a) Deite no chão ou em qualquer superfície dura, de modo a que a coluna vertebral fique em linha reta. Coloque uma das mãos no peito e a outra no abdome. Durante a respiração, deve-se sentir a mão que está sobre o abdome ser levantada primeiro, e depois a que está no peito, tudo isso num único movimento contínuo e brando. Deve-se tomar cuidado em não dividir a respiração total em duas fases separadas. A expansão do peito e do abdome deve ser livre de tensão, e a sucessão das duas fases não deve ser destacada. Sua concatenação deve produzir uma sensação de um fraco intumescimento do tronco. A subdivisão das fases pode trazer uma inflamação dos órgãos vocais, e até distúrbios nervosos. No início, o ator deve praticar sob a supervisão de um instrutor.

b) Método adotado do Hatha Yoga. A coluna vertebral deve estar bem reta, e para isso é necessário que se esteja deitado sobre uma superfície dura. Bloqueie uma narina com um dedo e respire pela outra. Depois da respiração, faça o contrário: bloqueie a narina pela qual se respirou e respire pela que foi bloqueada no início. As três fases se sucedem no seguinte ritmo:

Inspiração: 4 segundos
Sustentação do ar: 12 segundos
Expiração: 8 segundos

c) O método que se segue, proveniente do teatro clássico chinês, é basicamente o mais eficiente, podendo ser usado em qualquer posição, enquanto os dois anteriores exigem que se esteja deitado. Estando-se de pé, coloque as mãos nas duas costelas inferiores. A inspiração deve dar a impressão de começar no lugar exato em que as mãos estão colocadas (portanto, empurrando-as para fora) e, continuando através do tórax, produzirá a sensação de que a coluna de ar sobe até a cabeça. (Isso significa que, durante a respiração, o abdome e as costelas inferiores se dilatam primeiro, seguidos, em uma sucessão leve, pelo tórax.) A parede abdominal contrai-se, enquanto as costelas parecem expandir-se, formando assim uma base para que o ar seja armazenado, e evitando que ele escape com as primeiras palavras pronunciadas. A parede abdominal (contraindo-se para dentro) salta na

O TREINAMENTO DO ATOR (1959-1962)

direção oposta aos músculos que projetam as costelas inferiores (contração exterior), mantendo-as assim para uma expiração bem demorada. (Um erro comum é a compressão dos músculos abdominais antes que a inspiração total seja completada, resultando em uma respiração apenas torácica superior.) A expiração ocorre no sentido inverso: da cabeça, através do tórax, ao lugar onde as palmas das mãos estão colocadas. Deve-se ter cuidado de não comprimir demasiadamente o ar interior, como já se disse — e que todo o processo se desenvolva suavemente; em outras palavras, sem divisão entre as fases abdominal e torácica superior. Um exercício como este não se destina a ensinar respiração pela respiração, mas a preparar para a respiração os que vão emitir a voz. Também ensina como estabelecer a base (a parede abdominal) que, pela contração, permite a fácil e vigorosa emissão do ar e, assim, da voz.

Durante a respiração total, não se deve armazenar nem comprimir grande quantidade de ar. O ator deve adquirir a maior independência possível em relação à respiração orgânica, evitando uma forma de respiração que exija pausas que possam interferir na declamação do texto. O bom ator respira em silêncio e rapidamente. Respira no lugar do texto (seja prosa ou poesia) que ele estabeleceu como uma pausa lógica. Isso é funcional, pois economiza tempo e evita pausas supérfluas: e é necessário, já que mantém o ritmo do texto.

O ator deve sempre saber quando respirar. Por exemplo, numa cena com um ritmo rápido, deve respirar antes do final das últimas palavras do seu companheiro, a fim de estar pronto para falar assim que o companheiro termine. Por outro lado, se ele respira no fim da fala do companheiro, haverá um breve silêncio no meio do diálogo, criando um "buraco" no ritmo.

Exercícios para respiração rápida e silenciosa:

a) De pé, com as mãos nos quadris, o ator rápida e tranquilamente inspira grande quantidade de ar com os lábios e dentes, antes de pronunciar algumas palavras.
b) Faça uma série de pequenas respirações silenciosas, gradualmente aumentando de velocidade. Expire normalmente.

Não se deve exagerar os exercícios respiratórios. A respiração é um processo orgânico espontâneo, e os exercícios não pretendem submetê-la a um controle estrito, mas corrigir algumas anomalias, sem nunca retirar a sua espontaneidade. Para fazer isso, os exercícios respiratórios e vocais devem ser combinados, e a respiração corrigida quando necessário. Se, durante a execução da sua parte, o ator se concentra em sua respiração, forçando-se conscientemente a controlá-la, mas sendo incapaz de livrar desse pensamento, então pode-se dizer que os exercícios respiratórios foram mal executados.

Abertura da laringe

Deve-se ter um cuidado especial com a abertura da laringe quando se fala e respira. O fechamento da laringe impede uma emissão correta do ar, negando assim ao ator o correto uso da voz.

Pode-se dizer que a laringe está fechada se:

O TREINAMENTO DO ATOR (1959-1962)

a) a voz é baixa;
b) se tem a sensação concreta da laringe na garganta;
c) na respiração, ouve-se um leve barulho;
d) o pomo-de-adão se move para cima (por exemplo, ao engolir a laringe está fechada, e o pomo-de-adão levanta-se);
e) os músculos da nuca se contraem;
f) os músculos de baixo do queixo se contraem (pode-se testar isso colocando-se o polegar debaixo do queixo e o indicador abaixo do lábio inferior);
g) o maxilar inferior está muito para a frente ou muito para trás.

A laringe está sempre aberta se temos a sensação de muito espaço atrás da boca (como quando bocejamos).

O fechamento da laringe é sempre resultado de maus hábitos adquiridos nas escolas de teatro. Os mais frequentes exemplos disso são:

a) Os alunos executam exercícios de dicção antes de aprenderem a controlar a respiração. Tentam obter uma correta emissão vocal com o auxílio da dicção e, com a intenção de economizar o ar inspirado, fecham a laringe.
b) Pede-se muitas vezes ao aluno que respire e depois conte em voz alta. Quanto mais ele conte, mais será parabenizado por sua habilidade de economizar a respiração. Trata-se de um erro imperdoável, porque, para ser bem-sucedido, o aluno fecha a laringe, deteriorando assim seu poder de emissão. Ao contrário: é

essencial respirar muito profundamente, e não tentar economizar o ar. Cada palavra deve ser envolvida, como se saturada com ar, especialmente as vogais. Deve-se tomar cuidado, no entanto, para que não se fique sem ar entre as palavras.

c) A respiração defeituosa que deve ser corrigida. Muitas vezes o aluno dilata o abdome como se estivesse respirando, mas na realidade apenas ocorre uma respiração torácica superior.

Exercícios básicos para abrir a laringe (prescritos pelo médico chinês Ling):

De pé, com a parte superior do corpo, inclusive a cabeça, curvada levemente para a frente. O maxilar inferior, totalmente relaxado, descansa no polegar, enquanto o indicador sustenta levemente o lábio inferior, para impedir que o maxilar inferior caia. Levante o maxilar superior e as sobrancelhas, ao mesmo tempo que se enruga a testa, de modo a sentir uma sensação de que as têmporas se estão abrindo num bocejo, e se contraem levemente os músculos de cima e de baixo da cabeça, e a parte de trás do pescoço. Finalmente, deixe a voz sair. Durante todo o exercício, verificar se os músculos do pescoço estão relaxados: o queixo, apoiando-se no pescoço, não deve encontrar resistência alguma. Os erros que se cometem comumente, durante esse exercício, são: a contração dos músculos do queixo e da parte da frente do pescoço, a incorreta posição do maxilar inferior (colocado muito para trás), o relaxamento dos músculos da cabeça e a queda do maxilar inferior, em vez de uma ascensão do maxilar superior.

Caixas de ressonância

A tarefa das caixas de ressonância fisiológicas é aumentar o poder de projeção do som emitido. Sua função é comprimir a coluna de ar na parte específica do corpo escolhida como um amplificador da voz. Subjetivamente, tem-se a impressão de que alguém fala com a parte do corpo em questão — a cabeça, por exemplo, caso se use a caixa de ressonância superior.*

Na realidade, há um número quase infinito de caixas de ressonância, dependendo do controle que o ator exerce sobre seu instrumental físico. Aqui nos limitaremos a enunciar apenas algumas.

a) Caixa de ressonância da cabeça, ou superior, que é a mais empregada no teatro europeu. Tecnicamente, funciona por meio da pressão da corrente de ar na parte frontal da cabeça. Pode-se facilmente dominar essa caixa de ressonância colocando-se a mão na parte superior da testa e enunciando a consoante "m"; deve-se, então, poder sentir uma vibração definida. De modo geral, a caixa de ressonância superior é usada quando se fala com um volume alto de voz.

b) Caixa de ressonância do tórax, conhecida na Europa, embora raramente usada. Funciona quando se fala com um baixo volume. Para verificar se está funcionando,

---

* A expressão "caixa de ressonância" é puramente convencional. Do ponto de vista científico, não está provado que a pressão subjetiva da inspiração de ar para determinada parte do corpo (criando assim uma vibração externa no local) faça com que essa área funcione objetivamente como uma caixa de ressonância. Contudo, é inegável que essa pressão subjetiva, juntamente com seu sintoma óbvio (a vibração), modifica a voz e seu poder de emissão.

EM BUSCA DE UM TEATRO POBRE

coloque uma mão no tórax, que deve vibrar. Para usá-la, fale como se a boca estivesse situada no peito.

c) Caixa de ressonância nasal, que é também conhecida na Europa. Funciona de forma automática quando a consoante "n" é pronunciada. Tem sido injustamente abolida nas escolas de teatro. Pode ser explorada para caracterizar certas partes, ou até um papel completo.

d) Caixa de ressonância da laringe, usada nos teatros orientais e africanos. O som produzido lembra o rugir dos animais selvagens. É também característico de alguns cantores negros de jazz (por exemplo, Louis Armstrong).

e) Caixa de ressonância occipital. Pode ser obtida falando-se com um volume muito alto. Projeta-se a corrente de ar para a caixa de ressonância superior e, enquanto se fala numa elevação crescente, a corrente de ar é dirigida para o occipício. Durante o treinamento, pode-se obter essa ressonância produzindo-se o som de um miado bem alto. Essa caixa de ressonância é comumente usada pelo teatro clássico chinês.

f) Há ainda uma série de caixas de ressonância que os atores muitas vezes usam inconscientemente. Por exemplo, no tão falado teatro "intimista", a ressonância maxilar (por trás do maxilar) é muito usada. Outras caixas de ressonância podem ser encontradas no abdome, e nas partes centrais inferiores da espinha.

g) A possibilidade mais frutífera está no uso de todo o corpo como caixa de ressonância. Isso é obtido pelo uso simultâneo das ressonâncias do peito e da cabeça. Tecnicamente, pode-se concentrar a atenção na caixa de

O TREINAMENTO DO ATOR (1959-1962)

ressonância que não está sendo automaticamente usada no momento em que se fala. Por exemplo, quando se fala em alto volume, usa-se, normalmente, a ressonância da cabeça. Podemos, no entanto, concentrar-nos na exploração simultânea da caixa de ressonância do peito. Nesse caso, "concentrar" significa comprimir a coluna de ar numa caixa de ressonância inativa. Faz-se necessário o contrário quando se fala em volume baixo. Normalmente, a caixa de ressonância do peito está em uso e, por isso, deve-se concentrar na da cabeça. Essa caixa de ressonância, que envolve todo o corpo, pode ser definida como uma caixa de ressonância total.

Efeitos interessantes podem ser obtidos pela combinação simultânea de duas caixas de ressonâncias. O uso simultâneo da ressonância occipital e da laringe, por exemplo, produz um efeito vocal conseguido por Yma Sumac nas suas famosas canções peruanas. Em alguns casos, podemos combinar duas caixas de ressonância, uma desempenhando a função de "solo" e outra de "acompanhante". Por exemplo, a caixa de ressonância maxilar pode dar o "solo", enquanto o "acompanhamento" uniforme é fornecido pela torácica.

A base da voz

O uso de qualquer caixa de ressonância pressupõe a existência de uma coluna de ar que, para ser comprimida, necessita de uma base. O ator deve aprender a achar conscientemente, dentro dele, a base para essa coluna de ar. Essa base pode ser adquirida das seguintes formas:

EM BUSCA DE UM TEATRO POBRE

a) Pela dilatação e contração da parede abdominal. Este método é muitas vezes usado pelos atores europeus, embora muitos deles não tenham consciência do motivo real da dilatação muscular. Os cantores de ópera, muitas vezes, reforçam essa base pelo cruzamento das mãos no abdome, e, fingindo apertar um lenço, comprimem as costelas inferiores com os antebraços.

b) Pelo método usado no teatro clássico chinês. O ator envolve a cintura com um cinto largo, fortemente apertado. Quando respira totalmente (a respiração torácica e abdominal), o cinto comprime os músculos do abdome, formando assim uma base para a coluna de ar.

c) Depois de respirar totalmente (a respiração abdominal e torácica superior), os músculos da barriga ficam comprimidos, automaticamente, forçando o ar para cima. As costelas inferiores são impulsionadas para fora, e assim se obtém uma base para a coluna de ar. Como já mencionei, é um erro comum a compressão dos músculos abdominais antes que o processo da respiração total abdominal seja completado (tendo como resultado apenas uma respiração torácica superior).

Aqui, também, é importante não armazenar muito ar durante a contração dos músculos abdominais, já que isso causa o fechamento da laringe. Se os músculos abdominais não forem contraídos suficientemente devagar, tem-se uma sensação de enjoo.

Há muitos outros métodos para criar uma base para a coluna de ar. O ator deve praticar muitos desses a fim de poder alterná-los de acordo com os papéis e as circunstâncias.

O TREINAMENTO DO ATOR (1959-1962)

Impostação da voz

Há duas maneiras diferentes de impostar a voz, uma para atores e outra para cantores, já que seus objetivos são bastante diferentes. Muitos cantores de ópera — até mesmo excelentes — são incapazes de fazer um longo discurso sem cansar a voz, e correm assim o risco de enrouquecer, simplesmente porque sua voz é impostada para cantar e não para falar. As escolas de teatro muitas vezes cometem o engano de ensinar o futuro ator a impostar sua voz para cantar. A razão disso é que muitas vezes os professores são ex-cantores de ópera e, frequentemente, um instrumento musical (o piano) é usado para acompanhar os exercícios vocais.

Exercícios orgânicos

As observações anteriores, que advertem o ator contra a privação de sua respiração orgânica, são também válidas para as caixas de ressonância, a abertura da laringe e a base da voz. O objetivo dos exercícios é tornar o ator dono do seu diapasão potencial. É essencial, para ele, explorar, de forma espontânea e quase subconsciente, tais possibilidades enquanto executa a partitura do seu papel.

Muitas vezes acontece que o ator que executa mal seus exercícios controla a voz "escutando-se". Isso bloqueia o processo orgânico, e pode ocasionar uma série de tensões musculares que, por sua vez, impedem a emissão correta da voz (por exemplo, um parcial fechamento da laringe). Um círculo vicioso é criado: no desejo de usar a voz corretamente, o ator escuta a si mesmo; mas, fazendo isso, todo o processo vocal é bloqueado e a emissão correta da voz torna-se impossível. Para evitar isso, o ator deve aprender a controlar a própria voz, escutando-a, não de dentro dele, mas de fora. Com isso em vista, um exercício correto é articular um som, dirigindo-o contra uma parede, e escutar o seu eco. Não escutamos passivamente um eco, mas conscientemente o modelamos movendo-nos para mais perto ou mais longe da parede, guiando-o para mais alto ou mais baixo, e modificando a ressonância, o timbre, a entonação.

A fim de explorar organicamente o aparelho respiratório e vocal, em relação às múltiplas exigências de um papel, a pesquisa individual deve ser estimulada. Pode-se determinar que imagens e associação produzem, em certos atores, a "abertura" do aparelho vocal (ressonâncias, laringe etc.).

Por exemplo, em alguns atores, a caixa de ressonância superior é automaticamente colocada em ação quando, ao falar, eles dirigem, com as mãos a voz para o teto empurrando literalmente a voz para cima. Da mesma forma, uma das caixas de ressonância inferiores pode ser colocada em movimento, deixando-se que as mãos conduzam a voz para o chão.

O ator deve sempre permitir reações vocais espontâneas, em vez daquelas que são friamente calculadas. Os seguintes exercícios são muito úteis para essa finalidade:

a) Use a voz para criar em torno de você um círculo de ar "duro" ou "suave". Com a voz, construa um sino que se torne sucessivamente maior e menor. Envie um som através de um tubo largo e, depois, através de um tubo estreito etc.

b) Ações vocais contra os objetos: use sua voz para fazer um buraco na parede, para virar uma cadeira, para apagar

O TREINAMENTO DO ATOR (1959-1962)

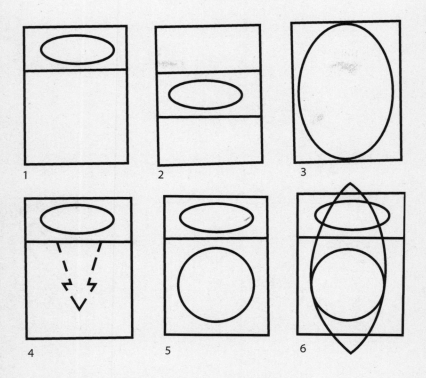

1. Palco italiano. Os atores isolam-se da plateia e representam sempre dentro de uma área delimitada.
2. Teatro circular (palco central). Embora a posição do palco se altere, permanece a barreira entre ator e espectador.
3. Teatro Laboratório. Não existe separação entre atores e espectadores. Todo o recinto se transforma em palco e, ao mesmo tempo, em plateia.
4. No período de reforma teatral, no início deste século [XX], fizeram-se alguma tentativas (Meyerhold, Piscator e outros) no sentido de levar os atores à plateia em determinados momentos da representação. O palco, contudo, permanece como centro das ações.
5. Os espectadores representam uma unidade de participantes em potencial. Os atores dirigem-se a eles e, algumas vezes, se colocam entre os mesmos.
6. Teatro Laboratório. O produtor sempre tem em mente dirigir dois "grupos": os atores e os espectadores. A representação resulta da integração desses dois "grupos".

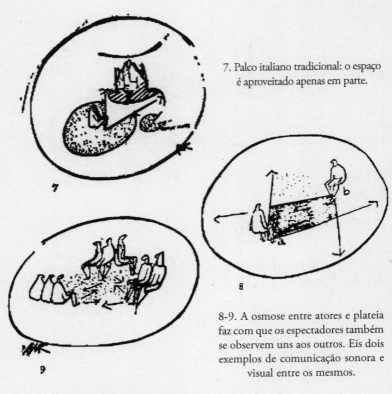

7. Palco italiano tradicional: o espaço é aproveitado apenas em parte.

8-9. A osmose entre atores e plateia faz com que os espectadores também se observem uns aos outros. Eis dois exemplos de comunicação sonora e visual entre os mesmos.

10. Comunicação entre os atores (figuras em preto) e os espectadores. Estes últimos integram-se na ação dramática e são considerados elementos específicos da representação.

Espectadores

Atores

O TREINAMENTO DO ATOR (1959-1962)

11. Aspectos da ação dramática de *Forefathers' Eve*, de A. Mickiewicz's, que mostra a comunicação estabelecida entre atores e plateia. Os espectadores (figuras em branco) acham-se espalhados pela sala de espectáculos.

EM BUSCA DE UM TEATRO POBRE

A conquista de maior espaço no Teatro Laboratório, com início no teatro italiano e terminando na exploração total do recinto, inclusive a plateia. Áreas em preto: local de ação dos atores. Áreas em branco: espectadores.

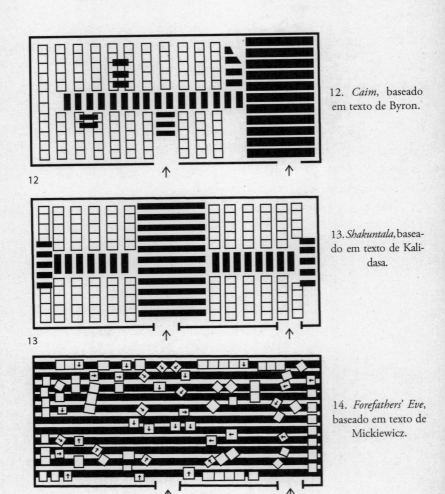

12. *Caim*, baseado em texto de Byron.

13. *Shakuntala*, baseado em texto de Kalidasa.

14. *Forefathers' Eve*, baseado em texto de Mickiewicz.

O TREINAMENTO DO ATOR (1959-1962)

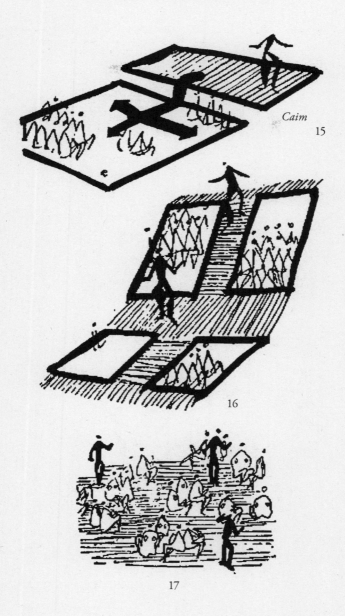

Caim
15

16

17

EM BUSCA DE UM TEATRO POBRE

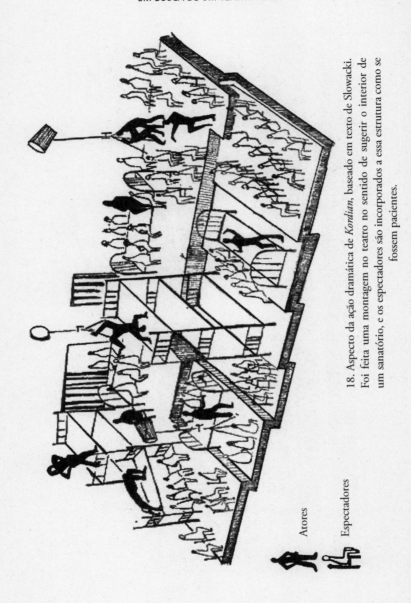

18. Aspecto da ação dramática de *Kordian*, baseado em texto de Slowacki. Foi feita uma montagem no teatro no sentido de sugerir o interior de um sanatório, e os espectadores são incorporados a essa estrutura como se fossem pacientes.

Atores
Espectadores

O TREINAMENTO DO ATOR (1959-1962)

19. Diagrama apresentando a movimentação e as áreas de ação da peça *Akropolis*, baseada em texto de Wyspianski.

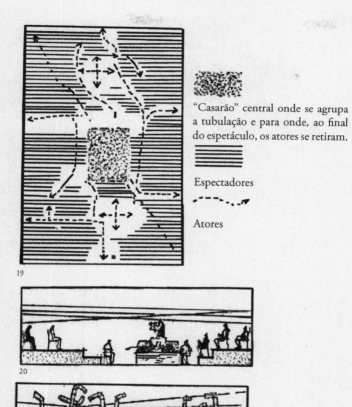

"Casarão" central onde se agrupa a tubulação e para onde, ao final do espetáculo, os atores se retiram.

Espectadores

Atores

Akropolis
20. A sala ao início do espetáculo.
21. A sala ao final do espetáculo.

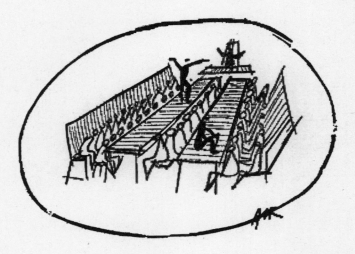

22. Aspecto da ação dramática de *Dr. Fausto*, baseado em texto de Marlowe. Uma hora antes de sua morte, Fausto oferece uma última ceia a seus amigos (os espectadores).

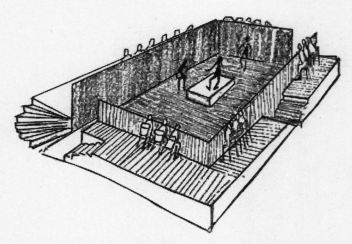

23. Aspecto da ação dramática de *O príncipe constante*, baseado em texto de Calderón-Slowacki. A plateia coloca-se de modo a sugerir a observação de um ato proibido, sua localização evocando uma arena de touros ou um anfiteatro das salas de operação.

O TREINAMENTO DO ATOR (1959-1962)

uma vela, para fazer um quadro cair da parede, para acariciar, para empurrar, para envolver um objeto, para varrer o chão; use a voz como se fosse machado, mão, martelo, tesoura etc.

Imaginação vocal

Além dessas explorações conscientes e higiênicas da voz, há duas outras maneiras de aumentar suas possibilidades:

a) O ator deve aprender a enriquecer suas faculdades pela emissão de sons não usuais. Um exercício extremamente útil a esse respeito consiste na imitação de sons naturais e barulhos mecânicos: o gotejar da água, o pipilar dos pássaros, o barulho de um motor etc. Primeiro imite esses sons. Depois, encaixe-os num texto falado, de modo a despertar a associação do som que você precisa elaborar ("colorindo" as palavras).

b) O ator deve desenvolver a habilidade de falar em registros que não são os seus naturais, isto é, mais alto e mais baixo que o normal. Isso não significa apenas um aumento ou diminuição metódicos e contínuos da voz aos registros pouco habituais, mas, em casos específicos, uma operação artificial com registros não usuais, sem que se esconda a sua artificialidade. Outra maneira muito útil de atingir artificialmente outros registros é a imitação parodiada de vozes de mulheres, crianças, velhos, etc. Mas o ator nunca deve forçar-se, metodicamente, a baixar sua voz ao seu registro natural, para atingir, por exemplo, a voz "viril". Essa tendência é particularmente incômoda, provocando inflamação da garganta e até distúrbios nervosos.

Emprego vocal

Se o ator sofre de um leve defeito vocal que não pode ser erradicado, em vez de esforçar-se para ocultá-lo, deve explorá-lo de diversas formas, de acordo com os papéis que representa.

Dicção

A regra básica para uma boa dicção é expelir as vogais e "mastigar" as consoantes.

Não pronuncie as letras com demasiada distinção. Muitas vezes, em vez de pronunciar a palavra como uma entidade, o ator soletra-a de acordo com as letras que a compõe. Isso tira a vida da palavra, conferindo-lhe as mesmas características da pronúncia de língua estrangeira aprendida em um livro. Há uma diferença fundamental entre a palavra escrita e a falada, sendo a palavra escrita apenas uma aproximação. A dicção é um meio de expressão. A multiplicidade de tipos de dicção existentes na vida deve ser também encontrada no palco. Restringir-se a um único tipo de dicção significa um empobrecimento dos efeitos sonoros e constitui uma recusa a empregar todos os meios à disposição — é antes como se se obrigasse um ator a usar sempre a mesma roupa. Assim como na vida não há um só tipo de dicção, mas inúmeros, dependendo da idade, saúde, caráter e estrutura psicossomática do indivíduo particular, da mesma forma não existe uma única forma de dicção cênica no teatro. O ator deve sublinhar, parodiar e exteriorizar os motivos interiores e as fases físicas do personagem que está interpretando, por meio de uma modificação da pronún-

O TREINAMENTO DO ATOR (1959-1962)

cia ou usando um novo tipo de dicção. Isso também condiciona a modificações do ritmo de respiração.

No palco, em geral, a dicção é caracterizada por uma pronúncia precisa e monótona que, além de ser pesada do ponto de vista artístico, também tende a uma afetação. Tomando como base os diferentes tipos de dicção a serem observados na vida cotidiana, dependentes das peculiaridades físicas e psicológicas do indivíduo, o ator deve atingir outros tipos de dicção artificial, que o auxiliem a caracterizar, parodiar e desmascarar o papel.

Cada papel necessita de um tipo diferente de dicção e, mesmo dentro da estrutura do mesmo papel, as possibilidades oferecidas pelas modificações de dicção, de acordo com as circunstâncias e situações, devem ser exploradas ao máximo. Seguem-se, aqui, alguns exercícios com esse objetivo:

a) Parodiar a dicção de seus próprios conhecidos.
b) Por intermédio da dicção, apenas, retratar diversas personagens (um glutão, um miserável, um religioso etc.).
c) Caracterizar, pela dicção, certas particularidades psicossomáticas (falta de dentes, coração fraco, neurastenia etc.).

A tendência a acentuar muito as consoantes é errada. São as vogais que devem ser acentuadas. A enfatização demasiada das consoantes causa o fechamento da laringe. Quando, ao praticar a dicção, for necessário acentuar as consoantes, as vogais devem ser acentuadas proporcionalmente. Cada frase deve ser emitida com uma longa onda respiratória, que impeça a laringe de se fechar. Só no sussurro se deve acentuar a consoante.

EM BUSCA DE UM TEATRO POBRE

Os exercícios de dicção nunca deveriam ser praticados com textos usados na representação, a fim de evitar uma distorção da interpretação. O melhor treinamento de dicção é obtido na própria vida privada. O ator deve prestar uma contínua atenção à sua pronúncia, até fora do âmbito de seu trabalho. Outro exercício eficaz para a dicção é ler uma frase bem lentamente, repetindo-a várias vezes, cada vez mais depressa, sem diminuir as vogais.

Os exercícios de controle rítmico podem ser executados com o auxílio de um metrônomo ou do próprio pulso. A mesma velocidade deve ser mantida do princípio ao fim. Não aumente a velocidade depois de um verso na poesia, ou no fim de uma frase na prosa.

Mesmo ao gritar ou produzir um tom muito alto, o ator deve sempre reter uma reserva que lhe permita aumentar o volume, se necessário. Além do mais, o esforço que fizer com a voz será notado.

O ator não deve nunca aprender seu papel em voz alta. Isso, automaticamente, conduz a uma "petrificação" interpretacional. Da mesma forma, não se deve declamar uma parte, por mero divertimento, na vida privada, ou divertir-se com detalhes da montagem. Além de ser uma falta de respeito para com a realização de alguém, conduz imediatamente à banalidade, sem que o ator tenha consciência disso. Durante os ensaios, o ator deve estar ciente das possibilidades acústicas da sala na qual vai representar, a fim de descobrir os efeitos (ecos, ressonâncias etc.) que podem ser usados, incorporando-os à estrutura do seu papel.

O TREINAMENTO DO ATOR (1959-1962)

Pausas

É importante não abusar das pausas. A pausa, como meio de expressão, atinge seu propósito nas condições descritas a seguir:

a) Seu uso parcimonioso, somente quando acrescenta expressividade.

b) A eliminação de toda a pausa que não tenha uma função artística, e que não seja dependente da estrutura do papel (resultante de uma fadiga pessoal, de uma prolixidade natural etc.).

c) A diminuição das pausas respiratórias, que devem sempre ser rápidas e suaves. É aconselhável fazê-las coincidir com as pausas lógicas.

d) Deve-se dar prioridade às pausas "artificiais" ou "falsas", criadas por um intervalo. Por intervalo queremos dizer a transição de um tom de voz para outro. O ator deve sempre praticar o intervalo curto, que é, de longe, mais difícil que os longos.

Exploração de erros

O ator deve ter presença de espírito para inserir rapidamente na estrutura do papel qualquer erro (de dicção ou movimento) involuntariamente cometido durante a representação. Em lugar de parar ou recomeçar, deve continuar, explorando o erro como um efeito. Por exemplo, se o ator pronuncia uma palavra erradamente, não deve corrigir-se mas repetir a pronúncia errada em outras palavras, a fim de que o espectador entenda isso como parte da estrutura do papel. Essa técnica, naturalmente, exige um comando dos próprios reflexos, bem como qualidades de improvisação.

Técnica de pronúncia

Não há grande diferença entre a declamação da poesia e da prosa. Em ambos os casos, há um problema de ritmo, de expressão e de acentos lógicos.

Na prosa, o ritmo tem de ser descoberto, ou quase decifrado: temos de sentir o ritmo específico do texto. O bom ator é capaz de ler, ritmicamente, até mesmo um catálogo telefônico. Ritmo não é sinônimo de monotonia ou de prosódia uniforme, mas de pulsação, variação, mudança súbita. Depois de determinar as várias tônicas lógicas do texto, de acordo com o plano geral da interpretação, deve-se impor um ritmo que coincida com tais acentos. No entanto, mesmo na prosa, não se deve favorecer um ritmo em detrimento da lógica formal ou, no outro extremo, do sentido lógico do texto. Nem deve o ritmo do texto ser cortado em pedaços, ou a tônica lógica ser enfatizada com pausas. A tônica lógica de uma frase não deve ser isolada: representa o ponto culminante de uma corrente rítmica produzida por uma simples onda respiratória e melódica. Muitas vezes acontece que a tônica lógica é colocada em duas palavras diferentes — talvez até separadas uma da outra — na mesma frase.

A capacidade de manipular frases é importante e necessária na representação. A frase é uma unidade integral, emocional e lógica, que pode ser mantida por uma única onda expiratória e melódica. Trata-se de um furacão concentrado num epicentro, formado pela tônica lógica ou pelos timbres. As vogais desse epicentro não devem ser diminuídas, e sim prolongadas levemente, a fim de conferir-lhes um valor especial, tendo-se muito cuidado em não quebrar a unidade da frase com pausas injustificadas. Decerto, podem existir exceções a essa regra, principalmente quando se

O TREINAMENTO DO ATOR (1959-1962)

deseja obter um efeito formal específico: nesse caso, o epicentro pode ser retalhado e as frases quebradas.

Na poesia, também, a frase deve ser considerada como uma entidade lógica e emocional, a ser pronunciada em uma única onda respiratória. Diversas linhas (uma e meia, duas ou mais) muitas vezes constituem a frase. Aqui, o ritmo de cada linha deve ser estabelecido sem se recorrer a meios monótonos. A qualidade distinta da frase deve ser retida, usando-se diversos meios, e não apenas um, como acento tônico ou pausa entre as linhas.

Há inúmeras maneiras de garantir o ritmo de cada linha. Podemos colocar uma vírgula ou um ponto final no término de uma linha; no fim da outra, fazer a tônica lógica cair na última palavra; e usar um intervalo (mudança de tom) no fim de uma terceira, justificando-o do ponto de vista da interpretação.

A necessidade de fixar as pausas respiratórias existe tanto na prosa quanto na poesia. Elas não podem existir conjuntamente, pois podem causar uma falta de ar. Se, por outro lado, estão muito separadas, e o ator tenta fazer a sua expiração alongar-se, a laringe será fechada. Podemos violar todas as regras mencionadas aqui, desde que a transgressão seja intencional e vise a um efeito formal.

Outros elementos podem também ser utilizados:

a) Aceleração ou retardamento do ritmo da frase.
b) Mudanças súbitas de ritmo.
c) Inspiração não escondida antes das palavras que originam a tônica lógica da frase.
d) Inspiração ilógica: isto é, em um lugar da frase onde a respiração não ocorreria normalmente.

* * *

Todo ator — mesmo aqueles que são tecnicamente peritos — sofre determinado tipo de crise vocal depois de alguns anos. Isso se deve à idade, que modifica a estrutura do corpo, exigindo uma nova adaptação técnica. O ator que deseja evitar a estagnação deve, periodicamente, começar tudo de novo, aprendendo a respirar, a pronunciar e a usar suas caixas de ressonância. Deve redescobrir sua voz.

O treinamento do ator (1966)

Este artigo é composto de notas tomadas por Franz Marijnen, do *Institut des Arts Spectaculaires* (INSAS), de Bruxelas, durante um curso ministrado por Jerzy Grotowski e seu colaborador, Ryszard Cieslak, em 1966. Comparando-se estes exercícios com os do período 1959-1962, nota-se uma clara modificação na orientação e no objetivo do treinamento, resultante do trabalho dos últimos anos. Os princípios fundamentais da atual "via negativa" estão descritos nos capítulos "Em busca de um teatro pobre" (p. 11), "A técnica do ator" (p. 201) e no discurso de encerramento do Seminário de Skara (p. 215).

Em sua introdução, Grotowski diz que o contato entre a plateia e o ator é vital no teatro. Tendo isso como princípio, começou suas lições com a frase: "A essência do teatro é o ator, suas ações e o que ele pode realizar." Suas conferências, e os vários exercícios apresentados, baseiam-se em muitos anos de pesquisa metódica e científica sobre as técnicas do ator e sua presença física no palco.

Exercícios vocais

Para começar, Grotowski faz algumas observações sobre a atitude a ser adotada em relação à voz. Pede absoluto silêncio de todos os que estão presentes na sala, tanto dos atores quanto dos demais assistentes. O riso deve ser evitado, mesmo no início dos exercícios que possam lembrar um trabalho de circo. Aqueles que não estiverem familiarizados com seu método podem estranhar, mas logo entenderão sua atitude, depois de algumas lições e de terem visto os resultados alcançados. Os assistentes — nesse caso as pessoas que não tomam parte ativa nos exercícios — devem ser "invisíveis e inaudíveis" para os alunos.

Estímulo da voz

Cada aluno escolhe um texto e tem inteira liberdade para recitá-lo, cantá-lo, gritá-lo. Esse exercício é realizado em conjunto. Durante sua execução, Grotowski passeia entre os alunos, algumas vezes examinando o tronco, as costas, a cabeça ou o abdome, enquanto eles falam. Nada foge à sua observação.

Em seguida, seleciona quatro dos atores-estudantes. Os outros retornam aos seus lugares em absoluto silêncio, de onde passarão a assistir aos progressos dos seus colegas.

Grotowiski coloca um estudante no centro

— O aluno diz um texto improvisado, o volume de sua voz deve aumentar gradualmente.
— As palavras devem ressoar contra a parede, como se a parte superior da cabeça é que estivesse falando. A cabeça não deve pender, pois isso ocasiona o fechamento da laringe. Por meio do eco, o teto torna-se um participante do diálogo, que assume a forma de perguntas e respostas. Durante o exercício, Grotowski conduz o aluno, pelo braço, através da sala.
— Então, começa uma conversa com a parede, também improvisada. Aqui, torna-se evidente que o eco é quem responde. Todo o corpo deve reagir a ele. A voz origina-se e elabora-se no peito.
— Agora, a voz é colocada na barriga. Dessa forma, trava-se uma conversa com o chão. Posição do corpo: "Como uma vaca gorda e pesada."

O TREINAMENTO DO ATOR (1966)

Nota: Grotowski observa que, durante esses exercícios, o pensamento deve ser excluído. Os alunos devem dizer o texto sem pensar nele nem fazer alguma pausa. Grotowski interrompe toda a vez que percebe que o aluno está pensando, durante os exercícios.

O ciclo completo dos exercícios é executado, em sucessão.
— A voz da cabeça (dirigida para o teto).
— A voz da boca (como se falando para o ar defronte do ator).
— A voz occipital (dirigida para o teto, atrás do ator).
— A voz do peito (projetada para a frente do ator).
— A voz da barriga (dirigida para o chão).
— A voz elaborando-se:
  a) nas omoplatas (dirigida para o teto, atrás do ator).
  b) nas costas (dirigida para a parede atrás do ator).
  c) na região lombar (dirigida para o chão, a parede e a sala que ficam por trás).

Grotowski não deixa o ator tranquilo. Enquanto o ator fala, o mestre move-se em volta do aluno, estimulando e comprimindo algumas partes do corpo do ator, despertando assim certos impulsos vivos que, automaticamente, emitem a voz.

O ritmo dos exercícios é muito rápido. Todo o corpo deve participar nos exercícios — até nos vocais.

Um dos exercícios de descanso consiste em uma conversa improvisada com a parede, completamente livre de tensão. O ator deve estar, durante todo o tempo, ciente de que o eco foi aproveitado.

É notável como Cieslak — o ator principal de Grotowski e seu colaborador mais próximo —, que deve ter executado e visto esses exercícios inúmeras vezes, segue o progresso dos alunos com o maior interesse e atenção.

Exercício do "tigre"

Este exercício tem como objetivo deixar o aluno totalmente à vontade e, ao mesmo tempo, colocar o ressonador gutural em ação. Grotowski participa do exercício. Ele interpreta o tigre atacando sua presa. O aluno (a presa) reage, ruge como um tigre (as improvisações vocais de Armstrong). Não se trata apenas de rugir.

Os sons devem se basear no texto, cuja continuidade é importante para esse tipo de exercício.

Grotowski: "Aproxime-se... Texto... Grite... Eu sou o tigre, não você... eu vou comê-lo." Assim, ele faz com que o aluno entre totalmente no jogo. É notável como os alunos são tomados pelo exercício. Agora, toda a timidez desapareceu.

O único obstáculo é a falta de um texto familiar, pois as palavras não vêm facilmente na improvisação.

De repente, Grotowski interrompe o exercício (sem que alguns dos alunos percebam de imediato, pois estão tomados pelo exercício), e pede a um deles que cante uma canção. Isso é feito aparentemente para relaxar a voz. Grotowski considera esse relaxamento vocal da maior importância, principalmente para aqueles que estão fazendo esse tipo de exercício pela primeira vez. Os órgãos vocais ainda não estão acostumados a serem usados dessa forma.

A força pedagógica de Grotowski é constatada pela dificuldade de concentração que os alunos demonstram após um exercício. Não prestam nenhuma atenção à audiência, que também está notavelmente integrada no processo total.

O TREINAMENTO DO ATOR (1966)

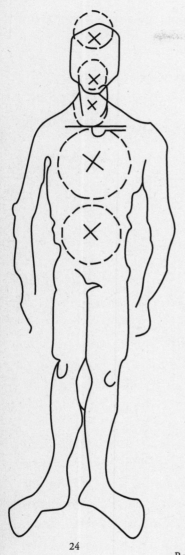
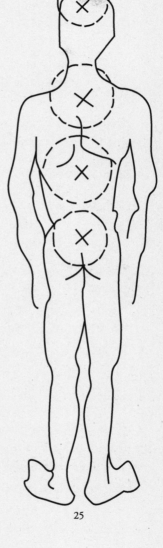

24 Ressonadores 25

— A voz do peito (projetada em frente do ator).

— A voz da barriga (dirigida para o chão).

— A voz elaborando-se:

    a) nas omoplatas (dirigida para o teto, atrás do ator).

    b) na região lombar (dirigida para o chão, a parede e a sala que ficam por trás).

Os centros e as caixas de ressonância a serem desatados estão designados no diagrama 24-25 por um "X".

Exercício seguinte

O miado de um gato com a mais longa extensão de:

a) entonação;

b) nuanças;

c) clímax.

De repente, Grotowski volta a uma recitação normal de um texto.

TIGRE

A expressão da voz no rugir de um tigre. Há já visíveis sinais de progresso, em comparação com o aluno anterior. Os exercícios vocais são agora acompanhados de perambulações, movimentos de rolamento e afiamento das garras. Grotowski, sem dúvida, aprendeu na prática que os alunos necessitam dessas associações para entregarem-se totalmente ao exercício.

SONS

Articulação de todas as espécies possíveis de sons inarticulados, nas mais variadas entonações atingidas pelos alunos. É como se o pupilo estivesse abrindo a jaula em que estivessem presas, de forma latente, sua fauna e sua flora.

O "tempo" desses exercícios é espantoso. O mesmo ocorre com os resultados, em certos aspectos, pois o aluno também atinge uma dimensão de diapasão que, segundo afirma depois, nunca tinha atingido antes. Disse que isso veio automaticamente, e que os resultados foram devidos ao ciclo de exercícios e à íntima cooperação. Também a sinceridade com que tal exercício foi executado, e a simpatia dos outros, desempenham um papel que não pode ser subestimado.

Exercício seguinte

O ator deve estender-se no chão, em uma posição relaxada. Grotowski apela para a sua imaginação, encorajando-o a pensar o mínimo possível. As reações não devem ser planejadas. Se não forem espontâneas, não interessam. Grotowski indica, com a palma da mão, os lugares do corpo do aluno que foram queimados pelo sol. Enquanto isso, o aluno canta baixinho. Depois de certo tempo, a voz modifica-se, o poder e a intensidade da canção alteram-se de acordo com as partes do corpo tocadas por Grotowski.

* * *

Durante o intervalo, os atores não podem falar entre si e, acima de tudo, não podem sussurrar. Mais tarde, Grotowski explica a razão da proibição. A audiência permanece a mais quieta possível.

A duração aproximada dos exercícios para cada aluno é de trinta minutos.

Um terceiro aluno é convidado a executar os mesmos exercícios. Aqui, no entanto, Grotowski introduz um novo elemento nos exercícios; um tipo de postura de cabeça para baixo, Yoga. O ator tem de recitar um texto e cantar uma canção, enquanto permanece de cabeça para baixo. Um exercício de relaxamento segue-se logo depois. Grotowski explica as vantagens desse exercício. É de grande importância para atores que possuem uma laringe fechada ou bloqueada.

Durante o exercício, ouviu-se risos da audiência. Grotowski não hesitou em pedir silêncio.

Exercício seguinte

O ator fica estendido no chão.

Grotowski: "Imagine que você está deitado num rio morno e a água do rio está correndo sobre o seu corpo. Fique em silêncio por algum tempo e depois cante." Enquanto isto, Grotowski toca com a mão as partes do corpo que entram em contato com a água morna. O aluno deve simplesmente reagir.

Em minha opinião, esses exercícios servem para estimular os centros da voz que estão mais próximos do lugar ou da pessoa com quem se fala, ou através de quem o estímulo é dado.

Outro exercício com o mesmo propósito

Deite-se de barriga para baixo.

— O aluno é instruído a falar com o teto.

— Os centros vocais a serem usados estão nas costas, isto é, abaixo do pescoço, na parte inferior das costas em volta do diafragma e entre as omoplatas.

O TREINAMENTO DO ATOR (1966)

Exercícios baseados em sons animais

Tigre: um prolongado rugido, com as mesmas entonações e respirações.

Cobra: um silvo prolongado, com a mesma entonação e respiração.

Vaca: um mugido prolongado, com a mesma entonação e respiração.

Durante esses exercícios, o corpo deve acentuar os sons produzidos. Os movimentos mais elementares de cada um desses animais devem ser reproduzidos pelo corpo. Repetindo tal exercício, Grotowski vai um pouco mais longe. Ele estimula reações definitivas no aluno, usando, por exemplo, uma atitude agressiva para com ele.

Outros exercícios tendo animais como tema

O ator é um touro e Grotowski, o toureiro, com uma malha vermelha que achou por perto. O ator deve cantar enquanto ataca. Durante esse exercício, Grotowski interrompe por um momento para dar algumas explicações. Os atores fazem uma pequena pausa, mas não podem falar ou sequer sussurrar.

Grotowski: "Todas essas técnicas usadas com os exercícios vocais são o oposto dos métodos normais. Durante as aulas de dicção, somente as consoantes são estudadas. Há aulas especiais para as vogais, durante as quais um instrumento musical é usado, como o piano. Durante essas aulas, presta-se muita atenção à respiração e às diferentes técnicas de respiração. Isso está errado. A respiração abdominal, por exemplo, não pode ser aprendida por todo mundo.

EM BUSCA DE UM TEATRO POBRE

As pessoas adaptam sua respiração de acordo com suas atividades. Seu tipo de atividade. Tenha o cuidado de somente sugerir um método aperfeiçoado de respiração a alguém que tenha dificuldades genuínas com a respiração. É uma bobagem impor um tipo específico de respiração ou certa técnica a alguém que não tenha problemas a esse respeito. No entanto, isso é o que acontece com a maioria das escolas de teatro. *O tipo de respiração que uma pessoa usa deve ser preservado.*

"*Além do mais, há apenas uma regra absoluta.*

"A atividade corporal vem primeiro, e depois a expressão vocal.

"A maioria dos atores faz o contrário.

"*Primeiro, esmurra-se a mesa, e, depois, grita-se!*

"O processo vocal não pode ser livre sem um ótimo funcionamento da laringe.

"A laringe deve primeiro ser relaxada, e depois o queixo e os maxilares.

"Se a laringe não relaxar ou abrir, deve-se encontrar uma maneira para fazê-la chegar a esse estado. Eis por que pedi ao terceiro aluno que ficasse de cabeça para baixo. Ao fazer isso, e falando ao mesmo tempo, ou gritando e cantando, há uma ótima possibilidade de que a laringe se abra. Conheci uma atriz que sofria de diversas crises vocais. O médico não foi capaz de auxiliá-la. Certa vez, em público, esbofeteei-lhe violentamente a face. O resultado foi que ela começou a cantar espontaneamente.

"A respeito disso, todo um processo pode ser mencionado:

Contato — Observação — Estímulo — Reação

"No processo vocal, todas as partes do corpo devem vibrar. É da maior importância — e repetirei sempre isto — que aprendamos a falar primeiro com o corpo, e depois com a voz.

O TREINAMENTO DO ATOR (1966)

"Levantar um objeto de uma mesa é a conclusão de um complicado processo do corpo.

Observação — Estímulo — Reações (resposta)

"A voz é material. Pode ser usada para tudo. Todos os estímulos do corpo podem ser expressos pela voz. Pensemos nas possibilidades de associações da voz em relação às seguintes palavras, por exemplo:

— Faca
— Suave
— Cobra
— Cão

"O corpo deve ser o centro das reações. Devemos aprender a reagir a todas as coisas com o nosso corpo, até mesmo a uma conversa do dia a dia. Devemos gradualmente banir todas as formalidades físicas do nosso comportamento: os braços cruzados dificultam nossas reações.

"Todas essas coisas — voz e expressões do corpo — devem ser aprendidas individualmente por cada um de nós. Portanto, torna-se necessário um exame geral, diário, de tudo o que se relaciona com o nosso corpo e a nossa voz. O professor ou assistente só deve intervir quando aparecem as dificuldades. Ele não deve *nunca* interromper o processo individual enquanto este ainda tiver ótimas possibilidades de apresentar resultados; e jamais deve tentar modificá-lo. O processo fisiológico natural — respiração, voz, movimento — nunca deve ser restringido ou obstruído por sistemas e teorias impostos."

EM BUSCA DE UM TEATRO POBRE

Outras observações com relação à voz

"A voz humana procura elementos ressonantes. O corpo e especialmente aquelas partes já mencionadas são os locais exatos para a ressonância da voz.

'On est créateur seulement quand on fait des recherches.'

"Este é também o caso no teatro. Para cada situação, e sua interpretação pela voz, pode-se tentar encontrar a ressonância apropriada. Isso se aplica ao treinamento, mas não ao preparo do papel. Os exercícios e o trabalho criativo não devem se misturar. O meio, o espírito da época, a mentalidade, tudo pode constituir sério obstáculo para a formação de uma boa voz.

"*O erro mais elementar, e que necessita da mais urgente correção, é a supertensão da voz, unicamente porque as pessoas se esquecem de falar com o corpo.*

"O treinamento da voz, na maioria dos países e em quase em todas as escolas, é concebido e praticado erroneamente. O processo natural da voz é impedido e destruído. Técnicas erradas são ensinadas, o que acaba com os bons hábitos naturais.

"Meu princípio básico é o seguinte: *Não pense no instrumento vocal, não pense nas palavras, mas reaja — reaja com o corpo.*

"O corpo é o primeiro vibrador, a primeira caixa de ressonância."

* * *

Grotowski: "Hoje demonstraremos certos exercícios que parecerão impossíveis de serem executados agora. Observem o Sr. Cieslak atentamente. Só a observação pode torná-los capazes de executar estes exercícios dentro de pouco tempo."

O TREINAMENTO DO ATOR (1966)

O exercício de Cieslak consistiu principalmente no seguinte:

— Concentração.

— Rolar e virar o corpo, mantendo uma posição tesa.

— Com os ombros para baixo (posição apoiada nos ombros).

— Estendido no chão: rolar e virar o corpo.

— Saltos: toda uma série executada sem pausa, tornando-se cada vez mais difíceis.

Nota: Pediu-se aos alunos que fizessem o mesmo exercício da melhor maneira possível.

A maioria dos exercícios parece baseada no princípio práticas de yoga. Mais de uma coincidência pode ser observada. Particularmente digna de nota é a concentração profunda e constante de Cieslak. Todos os seus movimentos têm uma direção bem determinada, que são acompanhados por todas as suas extremidades e, em uma observação mais detalhada, até pelos seus músculos. A diferença essencial entre esses exercícios e os da yoga é que os exercícios de Grotowski são dinâmicos visando ao exterior. A exteriorização substitui a introspeção típica da yoga.

Depois dos saltos, seguiu-se uma pausa compulsória para relaxamento. Esses exercícios foram coletivos. Agora Cieslak começa a trabalhar com cada aluno individualmente.

O gato

Improvisações sobre o gato. Cieslak fornece um exemplo: o gato que se espreguiça e relaxa depois de despertar.

O principal objetivo desse exercício, como da maioria dos outros, é tornar a coluna vertebral flexível.

Grotowski e Cieslak insistem em que esses exercícios devem ser feitos com os pés descalços.

É necessário sentir o contato com o chão.

Exercícios de ombro, apoiado sobre um braço dobrado

Primeiro, é fornecida uma explicação de como cair. Isso exige uma técnica especial que, se corretamente praticada, permite uma queda sem dor, de qualquer posição. Depois da demonstração, todos os alunos foram convidados a executar o mesmo exercício.

De todos os esforços, o que parece maior está na descoberta do ponto onde o equilíbrio é atingido. Grotowski intervém e observa que se deve procurar esse ponto sem pressa e sem grande esforço. Cada um deve experimentar por si mesmo.

Nota: Tornou-se óbvio, nesse exercício, que nossos estudantes de teatro não tinham suficiente preparo físico. Além do mais, provou-se que é necessário levar mais em consideração as condições físicas dos nossos atores e dedicar mais tempo a isso. Não basta saber cair de uma escada sem se ferir. Isso é apenas um problema de acrobacia, e pode ser feito por qualquer pessoa mais ousada. O problema real consiste em adquirir uma técnica consistente de movimento que permita controlar até o menor movimento em cada detalhe. Como é embaraçoso ver um ator caminhar de joelhos com uma careta no rosto e as juntas estalando!

Cieslak demonstrou toda uma gama de movimentos. Cada um deles acompanhado por uma concentração indescritível e um completo controle tanto do corpo quanto da respiração.

Posição do cotovelo

Fica-se de cabeça para baixo, apoiado por ambos os cotovelos, em vez das palmas das mãos, habitualmente usadas. As mãos juntam-se atrás da cabeça. Este exercício ajuda o sentido de equilíbrio.

25-27. Posição do cotovelo

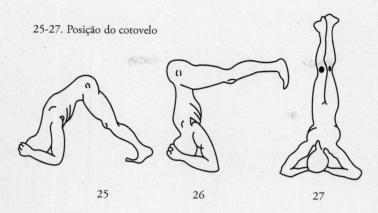

25   26   27

Exercício seguinte

Ajoelhe-se com as pernas levemente separadas, o peito arqueado para cima por um impulso dos rins. Depois, estire o corpo vagarosamente para trás, até que a cabeça toque o chão, os rins impulsionando continuadamente para a frente a fim de conservar o arco e manter o equilíbrio. É também por meio do impulso dos rins que o corpo deve se levantar até a sua posição original. O peito deve permanecer arqueado o tempo todo, mesmo na posição final; caso contrário, o exercício não terá valor algum. Trata-se de outro exercício para tornar a coluna vertebral flexível. (Fig. 28.)

28

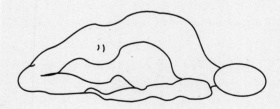

Posição do ombro

Ajoelhe-se pronto para tomar a posição de cabeça para baixo. Faça um triângulo dos antebraços, com as palmas das mãos colocadas atrás da cabeça. Os ombros são o ponto de apoio.

Aqui também é da maior importância não apressar-se. Esse exercício tem maior possibilidade de sucesso ao se procurar, sem afobação, o ponto de equilíbrio.

"Não se apressem", Grotowski repete mais uma vez.

Movimentação lenta

— Parta da posição em pé.

— Da posição de cabeça para baixo, passe para uma parada de ombro (cf. exercício anterior).

— Com as pernas ainda no ar, transfira o peso do corpo do ombro para a nuca, ficando os braços e as mãos no chão, para apoio.

— Role — ainda num movimento lento — com as pernas esticadas.

— Volte à posição original em pé.

Esse exercício deve ser feito com certa força imaginária. Deve-se imaginar que se está em contato constante com alguém, a fim de dar ao exercício uma direção definida.

A grande força expressiva desse exercício está no controle dos músculos das pernas. Os dedos dos pés estão sempre estirados para uma direção fixa. Quando uma das pernas atinge o ponto final do movimento, no chão, o braço assume a direção. Aqui, a coordenação é essencial. Pouco antes de terminar o movimento da perna, o braço começa a movimentar-se na mesma direção e da mesma forma.

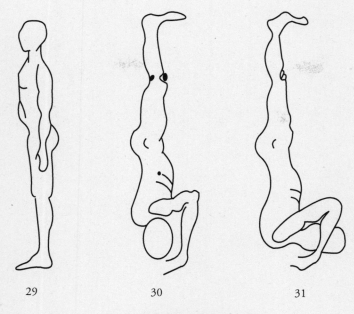

29 30 31

Movimentação lenta.

Exercício mão-dedo

Cieslak dá um exemplo de jogo com as mãos. Espantoso! Trata-se de um movimento ondulante tendo sobre os dedos uma pluma. O braço e a mão devem estar completamente relaxados no início. Enquanto completamente relaxada, a mão é posta em vibração pelos músculos do braço. Somente esses músculos são ativados nesse momento. Durante o exercício, *uma* das mãos está continuamente em plena ação.

Exercício que consiste na coordenação das várias partes de um ciclo arbitrário

O processo é o seguinte:

EM BUSCA DE UM TEATRO POBRE

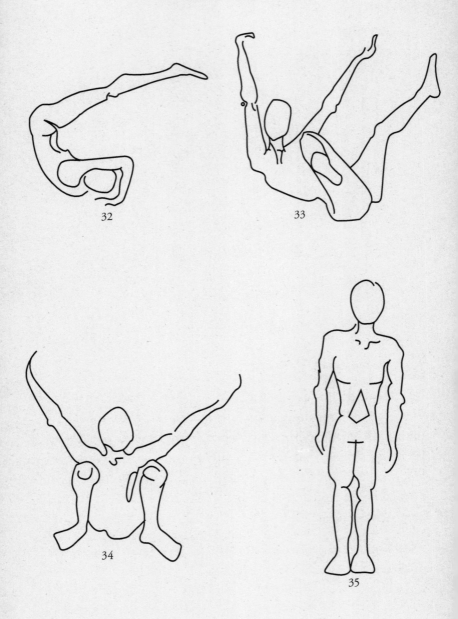

O TREINAMENTO DO ATOR (1966)

— Abraçar
— Pegar
— Tomar para si
— Possuir
— Proteger

Todos esses elementos devem estar ligados em um movimento coordenado. É da maior importância que a coluna vertebral seja ativada por este exercício. *A coluna vertebral é o centro da expressão. O impulso diretor, no entanto, parte dos rins. Cada impulso vivo começa nessa região, mesmo quando imperceptível aos outros.*

Seguindo o exemplo de Cieslak, os alunos repetem esse exercício, primeiro individualmente, depois em pares. No último caso, já existe certa associação:

— Abraçar
— Pegar
— Empurrar

Já assinalamos o princípio fundamental de Grotowski: primeiro o corpo, depois a voz. Aqui, ele enfatiza mais uma vez a necessidade de que, nesse exercício, o corpo inicie o movimento que, depois, é elaborado pelas mãos. As mãos, certo sentido, são as substitutas da voz. São usadas para acentuar o objetivo do corpo, o impulso do movimento vindo da coluna vertebral. Dessa forma, o exercício deve *começar* no corpo, na coluna vertebral e no tronco. O processo deve ser visível.

A última parte do exercício é um movimento de empurrar.

O movimento de empurrar é o resultado de um processo total, e é feito pelas mãos.

O impulso, no entanto, deve preceder o movimento. Esse impulso deve vir, visivelmente, do corpo. Origina-se e desenvolve-se nos rins. As mãos não entram em ação antes do fim do processo. Para o ator, a essência do exercício está em ter consciência do fato de que um movimento interno de empurrar deve ocorrer antes do movimento real de empurrar. Esse exercício deve ser feito lentamente, sem pressa. A direção, nesse caso, é fornecida pela posição do peito.

Depois desse exercício, Grotowski fornece algumas explicações suplementares

"Nesse exercício, fornecemos a vocês certos detalhes para ajudá-los a analisar um movimento. Espero que fique bem claro que é muito importante *nunca* fazer nada que não se harmonize com seu impulso vital, *nada de que não possam prestar contas*.

"A terra nos amarra. Quando saltamos para o ar, ela nos espera.

"Tudo que realizamos deve ser sem pressa, mas com grande coragem; em outras palavras, não como um sonâmbulo, mas com toda a consciência, dinamicamente, como um resultado de impulsos definitivos. Temos de aprender, gradualmente, a sermos responsáveis por tudo que empreendemos. Temos de procurar. Todos esses exercícios devem ser enriquecidos com novos elementos e experiências pessoais, se as procurarmos.

"A busca deve ser dirigida particularmente para uma adaptação do corpo ao gesto e vice-versa. Nosso corpo deve adaptar-se a cada movimento."

Grotowski insiste em que seus exercícios sejam executados com um mínimo de roupa. Os alunos devem estar praticamente despidos. Nada deve dificultar os movimentos. Acima de tudo, nenhum sapato, pois eles impedem os pés de *viverem*, de se *movimentarem*. Nossos pés devem tocar o chão. O contato fá-los-á sentirem-se vivos.

Uma vez mais, Grotowski retorna à sua regra de ouro: "Todo o nosso corpo deve se adaptar a cada movimento, por menor que seja. Todo o mundo deve seguir seu próprio caminho. Nenhum

O TREINAMENTO DO ATOR (1966)

exercício estereotipado deve ser imposto. Se pegamos uma pedra de gelo no chão, todo o corpo deve reagir a esse movimento e ao frio. Não só as pontas dos dedos, nem somente a mão, mas todo o corpo deve revelar a frieza desse pequeno pedaço de gelo."

Outra série de exercícios, desta vez executados por Cieslak, para demonstrar que o corpo deve adaptar-se a cada movimento

Todos os exercícios, que foram praticados em detalhes e separadamente durante as últimas aulas, são agora executados por Cieslak, em um movimento coordenado. Ele os liga em um ciclo completo. Todo o seu corpo se adapta a cada movimento, a cada mínimo detalhe. Com uma concentração total, e um controle de todos os seus músculos — e há muitos — trabalha o ciclo inteiro, improvisando em torno dele. Isso demora cerca de quinze minutos. Quando esses exercícios forem dominados, e se for capaz de executá-los sem muitos obstáculos técnicos, poder-se-á começar a combiná-los com improvisação. Os exercícios são, então, meros pretextos, ou "detalhes", como diz Grotowski. Durante a execução do exercício, Cieslak ligou todos esses detalhes numa improvisação sem qualquer preparação. *Nenhuma preparação é permitida.*

Somente a autenticidade é necessária, absolutamente obrigatória. A improvisação deve ser sem planejamento anterior, caso contrário toda a naturalidade será destruída. Ainda mais, a improvisação não tem sentido algum se os detalhes não forem executados com precisão.

Relação entre os exercícios e a representação

Os exercícios servem apenas como apoio para as situações e detalhes da peça. No palco, é preciso ser individual. Os exercícios adaptados às situações da peça devem ter uma personalidade escondida, e a coordenação dos vários elementos deve ser também individual.

EM BUSCA DE UM TEATRO POBRE

Aquilo que vem de dentro é meio improvisado. O que vem de fora é técnico.

Jamais há sinal de simetria em qualquer dos exercícios integrantes do ciclo, executados pelo companheiro de Grotowski, Cieslak.

Se algo é simétrico, não é orgânico!

A simetria é um conceito da ginástica, não da educação física para o teatro.

O teatro exige movimentos orgânicos.

O significado de um movimento depende de uma interpretação pessoal. Para o espectador, os movimentos do ator sobre um palco podem ter um sentido bastante diferente do que para o próprio ator.

É errado pensar que os exercícios mostrados por Cieslak — os exercícios físicos — são especiais para os atletas, para pessoas fortes, para corpos flexíveis.

Todo o mundo pode criar sua própria série de movimentos, um repertório que ele poderá manipular, se uma experiência maior assim o exigir. No entanto, ninguém deve esquecer de eliminar tudo o que é supérfluo. O repertório deve conter não somente os movimentos, mas, de preferência, os elementos que compõem tais movimentos.

* * *

Depois de uma dessas aulas, Grotowski deu instruções para que se preparasse um exercício de improvisação, baseado nos vários detalhes e exercícios que foram demonstrados e ensinados por Cieslak durante a mesma aula.

No início da terceira aula, os alunos foram divididos em dois grupos. Foi-lhes pedido que mostrassem uma improvisação.

Imediatamente, ficamos impressionados com a falta de continuidade entre os alunos. A essência desse exercício de improvisação

O TREINAMENTO DO ATOR (1966)

era, simplesmente, por fim à falta de continuidade existente entre as diferentes partes do exercício. Quando os dois grupos executaram os exercícios, Grotowski fez algumas observações sobre a execução e o arremate técnico. Os principais defeitos eram a falta de continuidade, como já mencionamos, e a perda do equilíbrio em várias posições. Isso ocorreu principalmente em função da pressa.

Cada aluno deve superar suas próprias dificuldades. Grotowski e Cieslak corrigiram cada aluno e, depois, cada um repetiu a parte difícil do exercício até que estivesse perfeito.

Ao fazer uma correção, deve-se procurar a origem do erro e não concentrar-se demasiadamente no próprio erro.

Cieslak demonstra o exercício mais uma vez, parando nos pontos que foram difíceis para a maioria dos alunos. Fica claro que o motivo principal dessas dificuldades é a falta de controle e a pressa demasiada.

É notável o modo pelo qual Grotowski faz com que o aluno descubra por si mesmo seus erros e movimentos desnecessários. Juntos, tentam aperfeiçoar o exercício. Cieslak dedica sua atenção a uma jovem que, ao tocar o chão numa cambalhota, obviamente não sabe *por que* está fazendo aquilo. Isso é um erro. *Não se tratava de associação alguma.* Ela repete o exercício, e Cieslak verifica que o erro é devido a um obstáculo técnico. Determinado movimento era preparado adiantadamente e bloqueava toda a continuidade do exercício. Os movimentos preparados devem ser evitados. Só no instante em que o movimento é feito, deve ser ligado com uma associação espontânea.

Um erro que decorre de uma fraqueza dos músculos abdominais pode ser eliminado por meio de uma leve alteração: por exemplo, por um apoio despercebido das mãos. Isso é feito apenas para aperfeiçoar a execução técnica. Os erros técnicos não interferem com a associação que vem depois. Cieslak demonstra esse fato com um exemplo.

Mesmo quando estendido no chão, como parte de um exercício, deve-se estar consciente, todo o tempo, de que se tem uma razão para fazê-lo. Deve-se estabelecer uma associação com alguma coisa.

Ao coordenar as partes de um exercício, deve-se procurar constantemente o melhor método de coordenação, sem tentar encontrar novas associações naquele momento. Somente por meio de um perfeito controle dos diferentes exercícios, poder-se-á executar o ciclo completo em torno de uma associação que já se encontrou. A quantidade de exercícios separados não é fixa. Cada um deve fazer suas próprias experiências, a fim de descobrir os métodos e posições corretos de execução. Essa é uma base essencial para a educação dos atores.

Relaxamento da coluna vertebral cansada

A posição ideal para relaxamento é agachar-se, com a cabeça quase tocando o chão à frente, os braços estendidos para a frente e as palmas das mãos descansando no chão (Fig. 36).

36

Exercícios de mão e dedos

A maioria dos atores possui mãos e dedos enrijecidos. Essas extremidades têm grande poder de expressão. Portanto, devem

O TREINAMENTO DO ATOR (1966)

ser ágeis e leves. Existem muitos exercícios importantes para tal objetivo. Cieslak demonstra toda uma série deles.

* * *

Grotowski começa com os exercícios vocais, que são dedicados especialmente às pessoas que não puderam participar dos exercícios anteriores.

Os quatro alunos que executaram todo o ciclo no início participam agora mais uma vez, sem nenhuma interrupção.

— Estímulo da voz.

— Obtenção de um eco: conversa com a parede, o teto, o chão etc.

Aqui, Grotowski fornece uma explicação:

"Se o que se espera é uma resposta da parede, em forma de eco, todo o corpo deve reagir a essa possível resposta. Se você me dá uma resposta, deve fazê-lo primeiro com o corpo. Ele é vivo. Agora faça o mesmo com a parede. Os exercícios que usam o eco ajudam a exteriorizar a voz. O ator deve reagir para o exterior, atacando o espaço que existe em sua volta, em contato, todo o tempo, com outra pessoa ou outras pessoas. Nunca deve ouvir-se, pois isso resulta na introspecção da voz. Muitas vezes, no entanto, o ator é incapaz de resistir à tentação de ouvir-se, quando deve ouvir o *eco* da sua voz."

Grotowski concentra-se agora em dois alunos

Para determinar o tipo de voz dos alunos, ele começa um jogo de conversação.

O jogo começa com uma mútua observação de ambos a respeito de quais partes do corpo usarão para conversar entre si.

Logo depois, Grotowski fornece um exercício que prepara todas as partes do corpo para entrar em contato com as do companheiro, e para ativá-las.

O exercício ativa as seguintes partes do corpo:

— Pés
— Joelhos
— Quadris
— Baixo-ventre/abdome
— Peito
— Braços e mãos

O corpo conversa.

Depois desses exercícios preparatórios, a voz toma parte.

Grotowski trabalha agora com um aluno de cada vez

Ele estimula, por intermédio de pequenas batidas com as pontas dos dedos unidas, os centros de energia do aluno, que estão espalhados por todo o corpo.

Os principais centros são:

— Entre as omoplatas
— A parte inferior das costas
— A cabeça: parte superior e occipício
— O peito: nos lados, onde as costelas estão ligadas.

O ator deve ser capaz de despertar esses estímulos e ativá-los com repetidos exercícios. Isso deve ser feito pela voz e partindo do interior. É totalmente errado usar o método de se bater. Para atingir os diferentes lugares, deve-se deixar o corpo passar por certas transformações. Falar quando o corpo está torcido em uma posição fora do comum nunca é o certo. As posições fora do comum só devem ser usadas quando intencionais, naqueles casos em que são quase inofensivas à voz. Na realidade, elas podem

O TREINAMENTO DO ATOR (1966)

ser benéficas, como, por exemplo, no exercício para abertura da laringe. O aluno fica de cabeça para baixo e deve falar, cantar e gritar durante algum tempo nessa posição.

Exercícios vocais

— Exercício para estimular os centros vocais
— Exercício para a voz baseado no som RRI:
Do mais baixo ao mais alto
Do mais suave ao mais forte
Do mais longo ao mais breve
— O mesmo exercício com o som RRA
— Depois disso, vem a interpretação do tigre, já referida anteriormente.

Nesses exercícios, é particularmente importante nunca fazer pausa alguma. Seria de grande importância, para os alunos, usarem textos que conheçam perfeitamente bem, de cor, durante os exercícios vocais. Se tiverem de pensar para improvisar um texto, a continuidade será quebrada. Saber algumas canções de cor também é muito útil.

Durante esses diferentes exercícios, deve-se libertar totalmente do texto. Procurar pelo texto resulta num processo de pensamento, e é isso que deve ser evitado.

Depois dos exercícios vocais, Grotowski permite que cada aluno faça um exercício de relaxamento que consiste em descansar durante cerca de vinte minutos, sem que seja permitido falar ou sussurrar. Bebidas frias também têm um péssimo efeito sobre a voz.

Agora, Grotowski responde algumas perguntas aos assistentes

1) "Por que não é permitido que se fale ou se sussurre depois desses exercícios?"

Grotowski: "Para a maioria dos alunos, tais exercícios são novidades. O instrumento vocal ainda não está adaptado a essas técnicas. Produziu sons que nunca produzira antes. O silêncio é a melhor maneira de proteger o instrumento vocal que foi influenciado por esses exercícios."

2) "O texto desempenha um papel nesses exercícios? Pode ser qualquer texto?"

3) *Grotowski:* "Não acredito que o texto tenha grande importância. Por isso, digo que pode ser fortuito, e até deve ser fortuito. O importante é que se dê ao texto, por meio do corpo e da técnica vocal, um grau de interesse que não tem em circunstâncias normais. Por intermédio desses exercícios, das técnicas vocais e de movimento, tenta-se despertar a atenção. Durante a representação, isso significa a atenção da plateia."

Exercícios para ativar as diferentes caixas de ressonância do corpo

Alguém da assistência é convidado a vir junto de Grotowski e tocar nas diferentes caixas de ressonância, a fim de convencer-se de que a parte do corpo em questão vibra realmente, se usada de modo correto. Se o ator domina todas as técnicas vocais, pode atingir uma ressonância nas partes mais improváveis do corpo.

Para um contato imediato com o público, e para fazer um discurso, é muito importante ser capaz de ativar as principais caixas de ressonância.

Exercícios de associação

O aluno deve cantar uma canção enquanto imagina uma associação com o seguinte:

— Um tigre

O TREINAMENTO DO ATOR (1966)

— Uma cobra

— Uma cobra serpeando

— Uma faca cortando

— Um machado dando machadadas

Depois, tem de "cantar" um pedaço de papel para fora das mãos de Grotowski, à distância de 95 centímetros.

Em seguida, canta uma canção durante a qual a voz deve entrar em contato com uma mancha particular do teto. A voz é como um braço que pode tentar alcançar a mancha indicada.

Depois desses exercícios de associação, Grotowski prova a existência das vibrações nas diferentes caixas de ressonância

Grotowski pede a um aluno que coloque a ressonância atrás da cabeça (occipício). Acende um fósforo e coloca-o a uma pequena distância do lugar ressonante.

A chama move-se; na verdade, vibra.

Da mesma forma, Grotowski fez um vidro se partir durante um exercício com seus atores, simplesmente por meio da vibração.

Assim, ele prova que a voz é uma força material.

É evidente que, para esses exercícios, as técnicas de Grotowski devem ser executadas perfeitamente.

O estágio avançado de suas pesquisas científicas, a respeito da voz e do movimento, é provado por esses efeitos. Quanto a isso, é digno de nota que o próprio Grotowski impõe uma *disciplina* como medida indispensável para tudo aquilo que leva a um resultado.

Perguntas

1) "É possível estimular-se a partir do exterior? Em outras palavras, é possível estimular os próprios centros vocais golpeando-se ou beliscando-se?"

Grotowski: "Isso é impossível, e até perigoso! Você perde sua atitude natural. Ao tentar atingir esses lugares diferentes, nosso corpo se coloca automaticamente em uma posição fora do natural, e como consequência os órgãos vocais não podem executar sua função normalmente. Pela minha experiência desse método, penso poder ir mais longe e assinalar as repercussões psicológicas resultantes dessa prática errada. Se você começa a estimular e ativar seus próprios centros vocais, há o risco de que, por causa do resultado esporádico, possa pensar que tal método é eficaz, apesar de todos os perigos que representa para a voz e para os órgãos que produzem e formam a voz. A esse respeito, creio poder falar até de certo narcisismo."

2) "Você nos deu certo número de detalhes técnicos, mas que dizer da sua filosofia da arte?"

Grotowski: "Uma filosofia sempre vem *depois* de uma técnica! Você anda na rua com suas pernas ou com suas ideias?

Há muitos atores que, durante os ensaios, gostam de travar discussões científicas e sofisticadas sobre arte, e assim por diante. Esses atores tentam, com discussões, esconder sua falta de empenho e de aplicação. Se você se entrega totalmente durante um ensaio, não tem tempo para discutir. Numa discussão, você se esconde atrás de uma falsa máscara."

Depois dessa interrupção, Grotowski continua sua aula.

Nos exercícios seguintes, a ênfase será conferida às associações e à adaptação da voz a tais associações.

Grotowski assinala que toda a simetria de movimento deve ser evitada. Os atores são educados para o teatro, não para a ginástica.

O TREINAMENTO DO ATOR (1966)

Associações

1) Pense em uma vaca numa campina. Coloque-se no lugar dessa vaca. O estômago para baixo. Adapte sua voz. Fale com o chão, como falaria uma vaca. Coloque a voz no abdome, mas espere por uma resposta, um eco, do chão.

2) Imagine um tigre cantando. Cante uma canção e ruja as notas, sem esquecer a melodia. Apesar dessas associações, fique atento para garantir que o corpo aja primeiro. O corpo deve, através da procura da posição e da direção, facilitar o trabalho da voz.

Máscara

Grotowski: "Cante o seu nome... Joseph. Cante Joseph. Evoque este Joseph. Quem é ele, este estranho? Continue cantando seu nome — Joseph — perguntando: Joseph, quem é você? Quem é você? Procure a máscara do rosto de Joseph. Esta será realmente a máscara de Joseph? Sim, esta é a essência de Joseph? E agora é esta essência Joseph, sua máscara, que canta."

Verificamos que a voz do aluno se transforma, se aprofunda, e torna-se irreconhecível.

* * *

Depois de uma curta pausa, todos os alunos são convidados a vir para a frente. Grotowski pede-lhes que pensem em um animal e criem um sentimento de preferência ou de afeição por tal criatura. Depois de um curto período de concentração, cada um deve expressar os sons do bicho escolhido, mas esse processo deve passar primeiramente por todo o corpo. Em outras palavras, o corpo deve adaptar-se de modo orgânico aos impulsos que precedem o som. Dessa forma, é necessário expressar o animal inicialmente com o corpo.

Análise do exercício

1) Gradualmente, comece a procurar o animal escolhido com o corpo — sem pressa alguma.
2) Se achar que já encontrou os impulsos corretos do animal, comece a ativar a voz. Comece a dar voz ao animal por meio de um texto ou de uma canção.
3) Represente o ato amoroso de dois animais. Use a voz.

Aqui o corpo é o principal fator.

A segunda parte do exercício começa com a voz. Isso significa que se deve primeiro aprender e elaborar os impulsos por algum tempo, até que se tornem tão fortes que seja possível conferir-lhes uma voz. No exercício seguinte, cada aluno deve comparar-se a uma planta ou uma árvore. Esse processo, inevitavelmente, começa no chão. Como cresce uma planta?

— A planta fala.

— A planta canta.

— O silêncio de uma planta.

O silêncio de uma árvore... Esse silêncio é audível, diz Grotowski. O vento nas árvores — o vento torna-se mais forte — transformando-se em uma tempestade — todo o bosque movimenta-se.

Subitamente, ele interrompe as diferentes interpretações e passa para outro aspecto.

— A árvore canta ao sol.

O TREINAMENTO DO ATOR (1966)

— Na árvore, pássaros estão cantando.

Todas essas interpretações ocorrem com movimento e texto!

Grotowski assinala o perigo que se oculta atrás desse tipo de exercício

"Nestes exercícios, é fácil enganar e evitar os impulsos naturais, simplesmente imitando do exterior a forma de uma planta. Você pode, claro, começar por uma composição, mas esse é um exercício diferente: durante sua execução, pensar também não é permitido. Você deve imediatamente elaborar o primeiro impulso dentro de si, mesmo que o resultado difira profundamente do apresentado pelos seus colegas. Nunca olhe para os outros e, acima de tudo, não copie o resultado deles. *As pessoas à sua volta não existem.* O que você está fazendo pertence ao seu íntimo, e não se relaciona com ninguém mais."

Finalmente, Grotowski oferece uma visão geral dos elementos e das regras mais importantes da sua técnica

"Imprima na sua memória: o *corpo* deve trabalhar primeiro. Depois vem a *voz*.

"Se você inicia algo, tem de se entregar totalmente a isso. Deve entregar cem por cento de si mesmo, seu corpo inteiro, toda a sua alma e todas as possíveis associações íntimas, individuais. Durante o ensaio, o ator pode atingir um clímax que ele vai elaborar. Ele guarda as mesmas posições e os mesmos gestos, mas nunca atinge outra vez o mesmo clímax profundo. *O ápice de um clímax nunca pode ser ensaiado. Pode-se apenas exercitar os graus preparatórios do processo que conduz às alturas do clímax. Um clímax não pode ser alcançado sem uma prática constante. O clímax nunca pode ser reproduzido.*

"Em tudo que se faz, deve-se manter sempre isto em mente: não existem regras fixas, estereótipos. O essencial é que tudo deve vir do corpo e através dele. Primeiro, e acima de tudo, deve existir uma reação física a tudo que nos afeta. Antes de reagir com a voz, deve-se reagir com o corpo. Ao se pensar, deve-se pensar com o corpo. No entanto, é melhor não pensar, e sim agir, assumir os riscos. Quando falo em não pensar, quero dizer não pensar com a cabeça. Claro que se deve pensar, mas com o corpo, logicamente, com precisão e responsabilidade. Deve-se pensar com o corpo inteiro, por meio de ações. Não pense no resultado, nem como certamente vai ser belo o resultado. Se ele cresce espontânea e organicamente, como impulsos vivos, finalmente dominados, será sempre belo — muito mais belo do que qualquer quantidade de resultados calculados postos juntos.

"Minha terminologia surgiu de experiências e pesquisas pessoais. Todo mundo deve encontrar uma expressão, uma palavra sua, uma forma estritamente pessoal de condicionar seus próprios sentimentos."

A técnica do ator

Em 1967, o Teatro Laboratório de Grotowski apresentou *O príncipe constante*, no Théâtre des Nations, em Paris. Depois de uma turnê na Dinamarca, Suécia e Noruega, em 1966, essa viagem a Paris proporcionou a possibilidade de uma plateia maior julgar por si mesma o método de Grotowski. Foi durante sua permanência em Paris que Jerzy Grotowski gravou esta entrevista, com Denis Bablet, publicada posteriormente em *Les Lettres Françaises* (Paris, 16/22 de março de 1967.)

JERZY GROTOWSKI, GOSTARIA QUE VOCÊ DEFINISSE PARA MIM SUA POSIÇÃO EM RELAÇÃO ÀS VÁRIAS TEORIAS DE REPRESENTAÇÃO, COMO POR EXEMPLO AS DE STANISLAVSKI, ARTAUD E BRECHT, EXPLICANDO COMO, POR MEIO DA REFLEXÃO, E NATURALMENTE DA SUA EXPERIÊNCIA PESSOAL, VOCÊ CHEGOU A ELABORAR UMA TÉCNICA PRÓPRIA PARA O ATOR, DEFININDO TANTO SEUS OBJETIVOS QUANTO SEUS MEIOS.

Creio ser necessário fazer uma distinção entre *métodos* e *estética*. Brecht, por exemplo, explicou muitas coisas interessantes sobre as possibilidades de uma forma de representação que envolvia o controle discursivo do ator sobre suas ações, o *Verfremdungseffekt*. Mas isso não era realmente um método. Era mais um tipo de dever estético do ator, pois Brecht não se perguntou, na verdade, "Como se pode fazer isso?" Embora indicasse algumas explicações, estas se limitaram ao plano geral... Certamente, Brecht estudou a técnica do ator detalhadamente, mas sempre do ponto de vista do diretor observando o ator.

O caso de Artaud é diferente. Artaud apresenta um estímulo indiscutível no que diz respeito à pesquisa das possibilidades do ator, mas o que ele propõe, no final, são apenas visões, uma espécie de poema sobre o ator, e nenhuma conclusão prática pode ser extraída de suas divagações. Artaud tinha plena consciência — como podemos constatar no seu ensaio "Un Athlétisme Affectif", em *Le Théâtre et son Double* — de que havia um autêntico paralelismo entre os esforços do homem que trabalha com seu corpo (por exemplo, levantar um objeto pesado) e os processos psíquicos (por exemplo, recebendo uma bofetada, reagir). Ele sabia que o corpo possui um centro, que decide as reações do atleta e as do ator que deseja reproduzir os esforços psíquicos através do seu corpo. Mas, se analisarmos seus princípios de um ponto de vista prático, descobrimos que conduzem a estereótipos: um tipo particular de movimento para exteriorizar um tipo particular de emoção. No fim, isso conduz a clichês.

Mas não havia clichê quando Artaud estava fazendo sua pesquisa, e ele, como um ator, observou suas próprias reações procurando uma saída para a exata imitação das reações humanas e reconstruções calculadas. Mas consideremos essa teoria. Certamente, contém um estímulo útil. Porém, se a tratarmos como uma técnica, terminaremos nos clichês. Artaud representa um ponto de partida importante para a pesquisa e para a perspectiva da estética. Quando pede ao ator que estude a respiração, explore os elementos diferentes da respiração na sua representação, está oferecendo ao ator uma oportunidade de ampliar suas possibilidades de representar, não apenas por meio de palavras, mas também por aquilo que é inarticulado (inspiração, expiração etc.) Essa é uma proposição estética muito fértil. Mas não é uma técnica.

Há, na realidade, muito poucos *métodos* de representação. O mais desenvolvido é o de Stanislavski. Stanislavski propôs os problemas mais importantes e ajudou com suas respostas. Após inúmeros anos de pesquisa, seu método evoluiu, mas o mesmo

A TÉCNICA DO ATOR

não aconteceu com seus discípulos. Stanislavski teve discípulos para cada uma das suas fases, e cada discípulo se prendeu à sua fase particular; daí as discussões de ordem teológica. Stanislavski estava sempre fazendo experiências e não sugeriu receitas, mas sim os meios pelos quais o ator poderia descobrir-se, respondendo em todas as situações concretas à pergunta: "Como se pode fazer isso?" Reside aqui o essencial. Naturalmente, ele tirou tudo isso da realidade do teatro do seu país, do seu tempo, de um realismo...

...UM REALISMO INTERIOR...

...um realismo existencial, acho eu, ou quase um naturalismo existencial. Charles Dullin também deixou ótimos exercícios, improvisações, jogos com máscaras e outros exercícios com temas tais como "homem e plantas", "homem e animais", que são muito úteis para a formação do ator. Estimulam não apenas a sua imaginação, mas também o desenvolvimento de suas reações naturais. Isso, no entanto, não constitui uma técnica para a formação do ator.

QUAL, ENTÃO, A ORIGINALIDADE DA SUA POSIÇÃO EM RELAÇÃO A ESSAS DIVERSAS CONCEPÇÕES?

Todos os sistemas conscientes, no campo da representação, perguntam o seguinte: "Como se pode fazer isso?" É como deve ser. Um método é sua conscientização desse "como". Acredito que devemos nos fazer essa pergunta uma vez na vida; mas, tão logo entramos nos detalhes, ela não deve mais ser feita, pois — no momento mesmo de formulá-la — começamos a criar estereótipos e clichês. Então devemos fazer a pergunta: "Que é que *não* devo fazer?"

EM BUSCA DE UM TEATRO POBRE

Os exemplos técnicos são sempre os mais claros. Respiramos. Se fizermos a pergunta "Como devo respirar?", elaboraremos um tipo de respiração preciso e perfeito, talvez a do tipo abdominal. As crianças, os animais e as pessoas que vivem perto da natureza respiram principalmente com o abdome, com o diafragma. Mas então vem a segunda pergunta: "Que espécie de respiração abdominal é melhor?" E passamos a tentar descobrir, entre os inúmeros exemplos, um tipo de inspiração, um tipo de expiração, uma posição particular para a coluna vertebral. Isso seria um terrível engano, pois não há um tipo perfeito de respiração válido para todo mundo, nem para todas as situações psíquicas e físicas. A respiração é uma reação fisiológica ligada a características específicas de cada um de nós; depende de situações, tipos de esforço, atividades físicas. Trata-se de coisa natural, para a maioria das pessoas, quando respiram livremente, usar a respiração abdominal. Os tipos de respiração abdominal, no entanto, são ilimitados. E, claro, existem as exceções. Por exemplo, conheci atrizes que, por possuírem o tórax muito longo, não podiam usar a respiração abdominal no seu trabalho. Para tal, foi necessário arranjar outro tipo de respiração, controlado pela coluna vertebral. Se o ator tenta, artificialmente, impor-se uma respiração abdominal objetiva, perfeita, bloqueia com isso o seu processo natural de respiração, mesmo se for naturalmente do tipo diafragmático.

Quando começo a trabalhar com um ator, a primeira pergunta que me faço é a seguinte: "Será que esse ator possui alguma dificuldade de respiração?" Ele respira bem; tem ar bastante para falar, cantar. Por que, então, criar problemas, tentando impor-lhe um tipo diferente de respiração? Por outro lado, quem sabe se ele não tem dificuldades? Por quê? Serão problemas físicos? ...

A TÉCNICA DO ATOR

Ou problemas psíquicos? Se forem problemas psíquicos, de que espécie serão?

Por exemplo, um ator é inibido. Por que é inibido? Todos nós somos inibidos, de uma forma ou de outra. Não podemos ser totalmente descontraídos como se ensina em muitas escolas de teatro, pois aquele que é totalmente descontraído não passa de um trapo molhado. Viver significa não ser retraído nem descontraído: é um processo. Mas se o ator é sempre muito retraído, o motivo bloqueador do processo respiratório — quase sempre de natureza psíquica ou psicológica — deve ser descoberto. Devemos determinar qual é o seu tipo natural de respiração. Observo o ator, enquanto sugiro exercícios que o impelem a uma total mobilização psicofísica. Observo-o em um momento de conflito, atuação ou namoro com outro ator, naqueles momentos em que algo se transforma automaticamente. Uma vez que sabemos o seu tipo natural de respiração do ator, podemos definir com maior exatidão os fatores que atuam como obstáculos às suas reações, e o objetivo dos exercícios é eliminá-los. Reside nisso a diferença essencial entre a nossa técnica e os outros métodos: nossa técnica é negativa, e não positiva.

Não estamos atrás de fórmulas, de estereótipos, que são a prerrogativa dos profissionais. Não pretendemos responder a perguntas do tipo: "Como se demonstra irritação? Como se anda? Como se deve representar Shakespeare?" Pois essas são as perguntas usualmente feitas. Em vez disso, devemos perguntar ao ator: "Quais são os obstáculos que lhe impedem de realizar o ato total, que deve engajar todos os seus recursos psicofísicos do mais instintivo ao mais racional?" Devemos descobrir o que o atrapalha na respiração, no movimento e — isso é o mais importante de

EM BUSCA DE UM TEATRO POBRE

tudo — no contato humano. Que resistências existem? Como podem ser eliminadas? Eu quero eliminar, tirar do ator tudo que seja fonte de distúrbio. Que só permaneça dentro dele o que for criativo. Trata-se de uma liberação. Se nada permanecer é que ele não era um ser criativo.

Um dos grandes perigos que ameaçam o ator é, sem dúvida, a falta de disciplina, o caos. Não podemos expressar-nos por meio da anarquia. Creio que não pode existir um verdadeiro processo criativo no ator se lhe faltam disciplina e espontaneidade. Meyerhold baseou seu trabalho na disciplina, na formação exterior; Stanislavski, na espontaneidade da vida cotidiana. Esses são, de fato, os dois aspectos complementares do processo criativo.

QUE QUER VOCÊ DIZER POR "ATO TOTAL" DO ATOR?

Não se trata apenas da mobilização de todos os recursos, de que falei. É algo muito mais difícil de definir, embora seja bastante tangível do ponto de vista do trabalho. É o ato de desnudar-se, de rasgar a máscara diária, da exteriorização do eu. É um ato de revelação, sério e solene. O ator deve estar preparado para ser absolutamente sincero. É como um degrau para o ápice do organismo do ator, no qual a consciência e o instinto estejam unidos.

NA PRÁTICA, ENTÃO, A FORMAÇÃO DO ATOR DEVE SE ADAPTAR A CADA CASO PARTICULAR?

Sim, não acredito em fórmulas.

A TÉCNICA DO ATOR

PORTANTO, NÃO EXISTE A FORMAÇÃO DOS ATORES, MAS A FORMA-ÇÃO DE CADA ATOR. COMO VOCÊ FAZ ISSO? VOCÊ OS OBSERVA? FAZ PERGUNTAS? E DEPOIS?

Há os exercícios. Falamos muito pouco. Durante o treinamento, cada ator deve fazer suas próprias associações, suas variantes pessoais (recordações, evocação de suas necessidades, tudo que ele não foi capaz de cumprir).

VOCÊ TREINA COLETIVAMENTE?

O ponto de partida para um treinamento é o mesmo para todos. No entanto, tomemos como exemplo os exercícios físicos. Os elementos dos exercícios são os mesmos para todos, mas cada um deve executá-los de acordo com a sua própria personalidade. Um observador atento verá facilmente as diferenças, de acordo com as personalidades individuais.

O problema essencial é dar ao ator a possibilidade de trabalhar "em segurança". O trabalho do ator está em perigo; é sempre submetido a uma supervisão e uma observação contínuas. Deve-se criar uma atmosfera, um sistema de trabalho pelo qual o ator sinta que pode fazer absolutamente tudo, que será entendido e aceito. Muitas vezes, é no momento exato em que compreende isso que o ator se revela.

HÁ, PORTANTO, UMA CONFIANÇA TOTAL ENTRE OS DIFERENTES ATO-RES E ENTRE ELES E VOCÊ.

Não há o problema de o ator ter de fazer o que o diretor ordena. Ele deve compreender que pode fazer o que quiser, e que, mesmo se, no fim, nenhuma de suas sugestões for aceita, nunca serão usadas contra ele.

SERÁ JULGADO, E NÃO CONDENADO...

Ele deve ser aceito como o ser humano que é.

EM RELAÇÃO À INTEGRAÇÃO DO ATOR EM UMA REPRESENTAÇÃO, VOCÊ USOU O TERMO "PARTITURA", E NÃO "PAPEL". A NUANÇA É OBVIAMENTE MUITO IMPORTANTE NO SEU TRABALHO. PODERIA DEFINIR EXATAMENTE O QUE QUER DIZER POR "PARTITURA" DO ATOR?

Que é um papel? Na realidade, é quase sempre uma personagem do texto, o texto impresso que se dá ao ator. É também uma concepção particular da personagem, e aqui outra vez há um estereótipo. Hamlet é um intelectual sem grandeza, ou um revolucionário que deseja modificar tudo. O ator tem o seu texto; um encontro torna-se então necessário. Não se deve dizer que o papel é um pretexto para o ator, ou o ator um pretexto para o papel. Trata-se de um instrumento para fazer um corte transversal de si mesmo, uma análise de si mesmo; e, a partir daí, um contato com os outros. Ao se contentar em explicar o papel, o ator deverá saber que tem de se sentar aqui, chorar ali. No início dos ensaios, serão evocadas associações normalmente, mas depois de vinte representações não terá sobrado nada. A representação será puramente mecânica.

Para evitar isso, o ator, como o músico, necessita de uma partitura. A partitura do músico consiste em notas. O teatro é um encontro. A partitura do ator consiste nos elementos de contato

A TÉCNICA DO ATOR

humano: "dar e tomar". Olhe para outras pessoas, confronte-as consigo, com as suas próprias experiências e seus próprios pensamentos, e forneça uma réplica. Nesses encontros humanos relativamente íntimos, há sempre o elemento de "dar e tomar". O processo é repetido, mas sempre *hic et nunc*: o que quer dizer, nunca é bem o mesmo.

PARA CADA PRODUÇÃO, ESTA PARTITURA É GRADUALMENTE ESTABELECIDA ENTRE O ATOR E VOCÊ?

Sim, numa espécie de colaboração.

ENTÃO O ATOR É LIVRE. COMO FAZ ELE (E ESTE FOI UM DOS GRANDES PROBLEMAS FRISADOS POR STANISLAVSKI) PARA ENCONTRAR EM CADA REPRESENTAÇÃO UM ESTADO CRIATIVO QUE O PERMITA EXECUTAR A PARTITURA SEM SE TORNAR DEMASIADO RÍGIDO, SEM ESTAR AMARRADO POR UMA DISCIPLINA PURAMENTE MECÂNICA? COMO PODERÁ SER PRESERVADA A EXISTÊNCIA VITAL TANTO DA PARTITURA QUANTO DA LIBERDADE CRIATIVA?

É difícil responder em poucas palavras, mas se você me permitir uma popularização, poderei dizer: se, durante os ensaios, o ator tiver estabelecido a partitura como algo natural, orgânico (o padrão de suas reações, "dar e tomar") e se, quando já representado, estiver preparado para fazer tal confissão, nada escondendo, então a representação atingirá sua plenitude.

"DAR E TOMAR"... ISSO TAMBÉM INCLUI O ESPECTADOR?

Não se deve pensar no espectador enquanto se representa. Naturalmente, trata-se de um problema delicado. Primeiramente o ator estrutura seu papel; em segundo, sua partitura. Nesse momento, está procurando um tipo de pureza (a eliminação do supérfluo), bem como os sinais necessários para a expressão. Então, pensa: "O que eu estou fazendo é compreensível?" A pergunta implica na presença do espectador. Eu também estou ali, guiando o trabalho, e digo ao ator: "Não compreendo", "Compreendo", ou "Compreendo, mas não acredito"... Os psicólogos perguntam prontamente: "Qual a sua religião?" — não seu dogma ou filosofia, mas seu ponto de orientação. Se o ator tiver o espectador como ponto de orientação, então, em um certo sentido, estará se colocando à venda.

ISSO SERÁ EXIBICIONISMO...

Um tipo de prostituição, de mau gosto... É inevitável. Um grande ator polonês de antes da guerra chamava isso de *publicotropismo*. Embora eu não acredite que o ator negligencie o fato da presença do espectador e diga a si mesmo: "Não há ninguém aqui." Isso seria uma mentira. Em suma, o ator não deve ter a plateia como ponto de referência, mas ao mesmo tempo não deve negligenciar o fato da sua presença. Você sabe que, em cada uma das nossas montagens, criamos um relacionamento diferente entre os atores e os espectadores. No *Dr. Fausto*, os espectadores eram os convidados; em *O príncipe constante*, eram os assistentes. Mas eu acredito que o fato essencial é que o ator não deve representar *para* a plateia, e

A TÉCNICA DO ATOR

sim confrontar-se com ela, em sua presença. Melhor ainda, deve cumprir um ato autêntico, tomando o lugar dos espectadores, um ato de extrema sinceridade e autenticidade, ainda que disciplinado. Ele deve doar-se, e não controlar-se; abrir-se, e não fechar-se, pois isto terminaria no narcisismo.

VOCÊ ACREDITA QUE O ATOR NECESSITE DE UMA LONGA PREPARAÇÃO ANTES DE CADA REPRESENTAÇÃO, A FIM DE ATINGIR O QUE ALGUNS CHAMAM DE "ESTADO DE GRAÇA"?

O ator deve ter tempo para desfazer-se de todos os problemas e todas as distrações do cotidiano. Em nosso teatro, temos um período de silêncio que dura trinta minutos, durante os quais o ator prepara suas roupas, e talvez refaça algumas cenas. Isso é bastante natural. Um piloto que experimenta um novo avião, pela primeira vez, necessita também de uma solidão de alguns minutos, antes de voar.

VOCÊ PENSA QUE SUA TÉCNICA DE REPRESENTAÇÃO É APLICÁVEL POR OUTROS DIRETORES, QUE PODE SER ADAPTADA A OUTROS FINS QUE NÃO OS SEUS?

Mais uma vez, devemos distinguir a estética e o método no meu trabalho. Claro que, no Teatro Laboratório, há elementos de uma estética que me é pessoal, e que não deve ser copiada por outros, pois os resultados não seriam autênticos nem naturais. Mas nós somos um instituto de pesquisa da arte do ator. Graças a essa técnica, o ator pode falar e cantar num registro muito amplo. Esse é um resultado objetivo. O fato de não ter qualquer problema com a respiração, quando fala, também é um dado objetivo. O fato de poder utilizar diferentes tipos de reações físicas e vocais, que são muito difíceis para muita gente, também é objetivo.

ATUALMENTE, EXISTEM, ENTÃO, DOIS ASPECTOS NO SEU TRABALHO: DE UM LADO, A ESTÉTICA CONSCIENTE DE UM CRIADOR, E DO OUTRO, A PESQUISA DE UMA TÉCNICA DE REPRESENTAÇÃO. QUE É QUE VEM PRIMEIRO?

O mais importante para mim, atualmente, é redescobrir os elementos da arte do ator. Primeiro, fui ator, e depois, diretor. Nas minhas primeiras montagens, em Cracóvia e em Poznan, rejeitei as concessões e o conservadorismo teatral. Gradualmente, desenvolvi e descobri que a minha realização pessoal era muito menos frutífera do que o estudo das possibilidades de ajudar os outros a se realizar. Isso não é uma forma de altruísmo. Ao contrário, trata-se até de uma aventura muito maior. No fim, as aventuras de um diretor tornam-se fáceis, mas os encontros com outros seres humanos são mais difíceis, mais frutíferos e mais estimulantes. Se posso obter do ator — em colaboração com ele — uma total autorrevelação, como com Ryszard Cieslak em *O príncipe constante*, isso é mais fértil, para mim, do que dirigir uma produção ou, em outras palavras, criar apenas em meu próprio nome. Tenho me orientado, portanto, pouco a pouco, para uma pesquisa paracientífica no campo da arte do ator. Esse é resultado de uma evolução pessoal, e não de um plano inicial.

O discurso de Skara

Este é o texto do discurso de encerramento, feito por Jerzy Grotowski, em um seminário de dez dias realizado na Escola Dramática de Skara (Suécia), em janeiro de 1966, dirigido por ele, com seus colaboradores Ryszard Cieslak, Rena Mirecka e Antoni Jaholkowski. Os exercícios físicos, plásticos e vocais mencionados são os descritos nos capítulos anteriores.

Não se pode ensinar métodos pré-fabricados. Não se deve tentar descobrir como representar um papel particular, como emitir a voz, como falar ou andar. Isso tudo são clichês, e não se deve perder tempo com eles. Não procurem métodos pré-fabricados para cada ocasião, porque isso só conduzirá a estereótipos. Aprendam por vocês mesmos suas limitações pessoais, seus obstáculos, e a maneira de superá-los. Além do mais, o que quer que façam, façam de todo o coração. Eliminem de cada tipo de exercício qualquer movimento que seja puramente ginástico. Se desejam fazer esse tipo de coisa — ginástica ou mesmo acrobacia —, façam sempre como uma ação espontânea contada ao mundo exterior, a outras pessoas ou objetos. Algo os estimula e vocês reagem: aí está todo o segredo. Estímulos, impulsos, reações.

Já falei muito sobre associações pessoais, mas essas associações não são pensamentos. Não podem ser calculadas. Eu faço um movimento com a mão e, depois, procuro as associações. Que associações? Talvez a associação de que estou tocando alguém, mas isso é apenas um pensamento. Que é uma associação na nossa profissão? É algo que emerge não só da mente, mas de todo o corpo. É um retorno a uma recordação exata. Não analisem isso intelectualmente. As recordações são sempre reações físicas. Foi a nossa pele que não esqueceu, nossos olhos que não esqueceram.

O que escutamos pode ainda ressoar dentro de nós. É realizar um ato concreto, e não uma carícia qualquer, mas, por exemplo, acariciar um gato. Não um gato abstrato, mas um gato que eu vi, com quem tenho contato. Um gato com um nome específico — Napoleão, por exemplo. E trata-se desse gato particular que se acaricia agora. As associações são isso.

Tornem as suas ações concretas, relacionando-as com uma lembrança. Se vocês têm confiança de fazer isso, então não analisem de que recordação se trata — realizem-na concretamente, e será o bastante. Em tal situação não insistam em tais problemas. Falando dos problemas de impulsos e reações, frisei, durante as aulas, que não há impulsos ou reações sem contato. Alguns minutos atrás, falamos de problemas de contato com um companheiro. Mas esse companheiro imaginário deve ser fixado no espaço dessa sala real. Se não se fixar o companheiro em um lugar exato, as reações permanecerão dentro da gente. Isso significa que vocês se controlam, sua mente os domina e vocês se movimentam para um narcisismo emocional, ou para uma tensão, certo tipo de limitação.

O contato é uma das coisas mais essenciais. Muitas vezes, quando um ator fala de contato, ou pensa em contato, acredita que isso significa olhar fixamente. Mas isso não é contato. Contato não é ficar fixado, mas ver. Agora, estou em contato com vocês, vejo quais de vocês estão contra mim. Vejo uma pessoa que está indiferente, outra que escuta com algum interesse, e outra que sorri. Tudo isso modifica minhas ações; trata-se de contato, e isso me força a modificar meu jeito de agir. O padrão está sempre fixo. Nesse caso, por exemplo, vou dar meu conselho final. Tenho aqui algumas notas essenciais sobre o que falar, mas a maneira como falo depende do contato. Se, por exemplo, ouço alguém sussurrando,

O DISCURSO DE SKARA

falo mais alto e articuladamente, e isso inconscientemente, por causa do contato.

Dessa forma, durante a representação, quando a partitura — o texto e a ação claramente definidos — já está fixada, deve-se sempre entrar em contato com os companheiros. O companheiro, se é um bom ator, sempre segue a mesma partitura de ações. Nada é deixado ao acaso, nenhum detalhe é modificado. Mas há mudanças de última hora nesse jogo de partituras, toda vez que ele representa levemente diferente, e vocês devem observá-lo intimamente, ouvir e observá-lo, respondendo às suas ações imediatas. Todo dia, ele diz: "Bom dia", com a mesma entonação, exatamente como seu vizinho diz sempre "Bom dia" a vocês. Um dia, ele está de bom humor; outro, cansado; outro, com pressa. Sempre diz: "Bom dia", mas com uma pequena diferença de cada vez. Tem-se de perceber isso, não com a mente, mas ver e ouvir. Na verdade, vocês sempre dão a mesma resposta: "Bom dia", mas se tiverem realmente ouvido, perceberão que será um pouco diferente cada dia. A ação e a entonação são as mesmas, mas o contato é tão rápido que é impossível analisá-lo racionalmente. Isso modifica todas as relações, e é também o segredo da harmonia entre os homens. Quando um homem diz "Bom dia", e outro responde, há automaticamente uma harmonia vocal entre os dois. No palco, muitas vezes detectamos uma desarmonia, porque os atores não escutam seus companheiros. O problema não é ouvir e perguntar qual é o tipo de entonação, e sim apenas escutar e responder.

Devo falar, agora, com uma inflexão que está inconscientemente em harmonia com a do meu intérprete. Trata-se de um concerto para duas vozes, e há, imediatamente, um tipo de composição, desde que o contato necessário exista. Para conseguir isso, existem

EM BUSCA DE UM TEATRO POBRE

vários exercícios. Por exemplo: quando uma peça está pronta, um dos atores pode um dia representá-la de maneira diferente, enquanto os outros se mantêm fixo nas suas partituras; e, dentro disso, cada um reage de um modo diferente. Aqui está outro exercício: dois atores devem manter seu jogo de partituras, mas a motivação por trás da ação é diferente. Por exemplo, tomemos uma discussão de dois amigos. Em um dia particular, um amigo atua como sempre, mas não é sincero. Existem mudanças tão pequenas que eles dificilmente notam, mas se o outro ouvir atentamente, sem alterar sua partitura, será capaz de reagir de acordo. Com tais exercícios, o contato pode ser ensinado. Qual o perigo desses exercícios? O perigo está na atitude do ator que pode mudar seu jogo de partituras. Quer dizer, alterar sua partitura através de mudanças em ações e situações. Isso é falso. É fácil. Deve-se manter a partitura e renovar o contato cada dia.

Os primeiros papéis podem basear-se, conscientemente, nos amplificadores vocais, mas os papéis futuros deverão ir além disso.

Todo o nosso corpo é um sistema de caixas de ressonância — isto é, vibradores —, e todos esses exercícios são apenas treinamentos para ampliar as possibilidades da voz. A complexidade de tal sistema é espantosa. Falamos num impulso, em contato com alguém ou alguma coisa. Os movimentos da coluna espinal também modificam a ressonância. É impossível controlar tudo isso com o cérebro. Todos esses exercícios com caixas de ressonância são apenas um início para abrir as possibilidades da voz, e, depois, quando já se tiver dominado tais possibilidades, deve-se agir e viver sem um pensamento calculado. Deve-se ir além disso, e encontrar as caixas de ressonância sem qualquer esforço. Não gritem durante os exercícios. Podem começar — e esse método é

O DISCURSO DE SKARA

ótimo para todo o mundo — com o que se pode chamar de voz artificial. Mas como um desenvolvimento desses exercícios, deve-se procurar outra voz, a própria voz natural, e por meio de diferentes impulsos do corpo, abrir essa voz. Nem todo mundo usa sua voz real. Falem naturalmente, e por meio dessas ações vocais naturais, coloquem em movimento as várias possibilidades das caixas de ressonância do corpo. Então, virá o dia em que seu corpo saberá como amplificar sem um lembrete. Trata-se do ponto capital, com o nascimento de outra voz, e só pode ser atingido por ações vocais completamente naturais.

Como se deve trabalhar a voz?

Não se deve, conscientemente, controlar-se. Não controlem os lugares de vibração do corpo. Devem apenas — e este é o exercício básico — falar com as várias partes do corpo. Por exemplo, a boca está na parte de cima da cabeça, e eu falo com o teto. Mas na verdade devo fazer o seguinte: devo improvisar o texto e dizer: "Sr. Teto, está me ouvindo?... Não? Mas por que não me ouve?". Escutem se ele fala, se responderá. Nunca ouçam sua própria voz — isso é sempre errado. Trata-se de uma regra psicológica. Ao escutarem, vocês bloqueiam a laringe e também o processo de ressonância. Sempre ajam, falem, discutam e façam contato com coisas concretas. Se têm a impressão de que a boca está no peito, e se se dirigem à parede, ouvirão a resposta vindo da parede. Essa é a forma de pôr em movimento todo o sistema de ressonância dentro do corpo. Pode-se representar o papel dos animais, mas os exercícios devem ser desenvolvidos de modo a evitar representações de animais irreais, ou animais que estejam distantes do seu próprio caráter. Em outras palavras, não representem um cachorro como um cachorro de verdade, porque vocês não são cachorros.

Procurem encontrar seus próprios traços de cachorro. Agora, estou reagindo: mantenho minha voz natural e começo a usar meus dentes sem imitar a voz do cachorro. Trata-se de uma pequena diferença. Ao imitar a voz de um cachorro, você pode começar a explorar as possibilidades da imaginação vocal; no entanto, mais tarde, no desenvolvimento, deve-se encontrar a própria natureza. O contato é igualmente importante nos exercícios físicos. O contato que nós vimos, com a terra, o chão, durante os exercícios, é sempre um diálogo autêntico: "Seja boa para mim, terra, ame-me, confio em você. Pode me escutar?" E nossas mãos procuram esse contato autêntico.

Há ainda o problema do diálogo entre as diferentes partes do corpo. Quando uma das mãos toca um joelho, ou quando um pé toca outro pé, tudo isso é uma procura de segurança. É como se o pé estivesse dizendo: "É um pouco doloroso, mas tenha confiança." Essa é a essência do diálogo quando um pé toca outro. Tal diálogo deve ser sempre concreto, mas não vem do cérebro. Não calculem as palavras desse diálogo. Se fizermos isso de um modo autêntico, teremos a impressão de que é verdade — agora estou tocando minha coxa e não estou pensando de que diálogo se trata e, no entanto, é um contato concreto.

Falei por meio da minha mão para a minha coxa. Cada um deve procurar a sua própria forma. Se isso não for necessário, então se deve deixar de lado. Não há regras rígidas. Hoje, quando falei a uma das participantes, expliquei-lhe que, para ela, há outros elementos que deveriam ser acentuados, mas agora falo em geral, para a maioria, porque a maioria das pessoas tem exatamente esse tipo de obstáculo.

O DISCURSO DE SKARA

Vejamos agora os exercícios plásticos. Tendo em vista que são, na verdade, uma reunião de detalhes estereotipados, deve-se sempre procurar uma reação concreta. Por exemplo, acariciar uma mulher e destruir tudo que seja estereotipado. Obviamente, todo o mundo deve fazer isso à sua própria maneira. Deve-se compreender, apropriadamente, que — se se fizer isso com um pensamento calculado — não se obterá o resultado desejado. Por exemplo, peguem um pedaço de papel e comecem a escrever: "Qual será o diálogo entre o meu pé esquerdo e o meu pé direito?" Isso é uma estupidez. Não dará resultado algum, já que se falou com a mente e não com o pé, que tem uma linguagem própria.

A seguir, quero dar-lhes um conselho: não se concentrem demais em problemas que, na maioria dos teatros, são, em última análise, do diretor, e não do ator. Em alguns teatros especiais, que desejam vencer barreiras, estes já são problemas do ator. Mas nos teatros em que vocês provavelmente trabalharão é diferente.

Acima de tudo, não pensem que a maquiagem é má, e portanto deve ser evitada. Pensem em como vocês poderão transformar-se sem o auxílio dela. Mas, se tiverem de usar maquiagem, usem. Se realmente estudaram as modificações possíveis sem maquiagem, serão, ao usá-la, muito mais expressivos e capazes de ultrapassar todos os embustes técnicos.

Por intermédio de reações e impulsos fixos, de uma partitura de detalhes fixados, procurem o que é pessoal e íntimo. Aqui, um dos grandes perigos é o de que não ajam em verdade de acordo com os outros. Nesse caso, quando estiverem concentrados no elemento pessoal como um tipo de tesouro, se estiverem procurando a riqueza de suas emoções, o resultado será um tipo de narcisismo. Se desejam sentir emoções a todo o custo, se desejam ter uma

EM BUSCA DE UM TEATRO POBRE

"psique" rica, quer dizer, se estimulam artificialmente o processo interno, apenas imitarão emoções. Trata-se de uma mentira não só para os outros, como também para vocês.

Como começa tudo isso?

Sempre começa com emoções ou reações psíquicas que não são familiares. Por exemplo, um personagem da peça deve matar a própria mãe — mas, na realidade, vocês mataram sua mãe? Não. Mas talvez já tenham matado alguém. Se assim for, é muito bom que possam valer-se da sua própria experiência; mas, se não mataram, não poderão investigar os próprios sentimentos ou perguntar a vocês mesmos qual é o estado psíquico de um homem que matou a própria mãe. É impossível, já que vocês não tiveram a experiência de um ato semelhante. Mas talvez já tenham matado um animal. Talvez tenha sido uma experiência poderosa para vocês. Como viram o animal? Como se comportaram suas mãos? Vocês estavam concentrados ou não? Fizeram isso sem querer, ou foi uma luta interna? Por exemplo, vocês acharam que não deveriam, mas que era engraçado fazê-lo. Finalmente, na peça em que vocês devem matar a própria mãe, podem buscar os sentimentos que experimentaram quando mataram um gato, e isso será uma análise cruel da situação, porque a representação não será grandiosa e trágica, mas apenas descarregará uma pequena obsessão pessoal. Além do mais, a lembrança de ter matado um gato, quando se deve matar a mãe, não é banal.

Mas se tiverem de representar uma cena em que matam um animal, a lembrança concreta de como foi quando mataram um animal não é bastante — deve-se encontrar uma realidade mais difícil. Não há dificuldade alguma em mostrar que se foi cruel — e isso é muito dramático. Dessa forma, não existe sacrifício para vocês.

O DISCURSO DE SKARA

Procurem algo mais íntimo. Por exemplo, vocês acham que matar um animal, nessa cena, lhes daria uma sensação, um tipo de clímax? Talvez respondam sim, e se quiserem dizer sim, procurem nas próprias recordações momentos de intenso clímax físico, que sejam bastante preciosos para serem partilhados com outros. É exatamente nessa recordação que alguém deve apoiar-se na hora de matar o animal na peça, essa recordação concreta, tão íntima, tão pouco própria para os olhos dos outros, e que não será fácil. Mas se fizerem isso realmente, se recuarem até essa lembrança, não será possível ficarem tensos ou dramáticos. O choque da sinceridade será demasiado forte. Vocês estarão desarmados e relaxados diante de uma tarefa que é demais para vocês, diante de uma tarefa que quase os esmaga. Se isso acontecer, será um grande momento, e isso é o que eu quero dizer quando afirmo que, por meios concretos, é possível atingir o que é pessoal. Quando se atinge isso, se é um puro, purgado, sem pecado. Se a lembrança é de um pecado, então se estará livre desse pecado. Trata-se de um tipo de redenção.

A seguir, quero adverti-los a nunca procurarem, em uma representação, a espontaneidade, sem uma partitura. Nos exercícios, a mecânica é diferente. Durante uma montagem, nenhuma espontaneidade verdadeira é possível sem uma partitura. Seria apenas uma imitação de espontaneidade, desde que se destruiu a própria espontaneidade pelo caos. Durante os exercícios, a partitura consiste em detalhes fixados, e eu aconselharia (exceto nas improvisações específicas propostas pelo diretor ou professor) a improvisação apenas dentro desse esquema de detalhes. Isso quer dizer que se deve conhecer os detalhes de um exercício. Hoje, eu quero todos os detalhes. Criarei tais detalhes e vocês tentarão encontrar suas diferentes variantes e justificações. Isso lhes dará uma improvisação autêntica — em vez de ficarem construindo sem fundamentos. Quando se desempenha um papel, a partitura não é mais feita de detalhes, mas de símbolos.

Não quero explicar, agora, o que é um símbolo. Em última análise, trata-se de uma reação humana, purificada de todos os fragmentos, de todos os outros detalhes que não sejam de importância capital. O símbolo é o impulso claro, o impulso puro. As ações dos atores são, para nós, símbolos. Se se deseja uma definição clara, deve-se pensar no que eu disse anteriormente: quando não percebo, significa que não existem símbolos. Eu disse "percebo", e não "compreendo", porque compreender é uma função do cérebro. Muitas vezes, podemos ver, durante a peça, coisas que não compreendemos, mas que percebemos e sentimos. Em outras palavras, eu sei o que sinto. Não posso defini-lo, mas sei o que é. Não tem nada a ver com a inteligência; afeta outras associações, outras partes do corpo. Mas se eu percebo, significa que houve símbolos. O teste de um impulso verdadeiro é se acredito nele ou não.

Quero também advertir a vocês para que sempre evitem os clichês, se desejam realmente criar uma verdadeira obra-prima. Não sigam os caminhos mais fáceis das associações. Quando disserem: "Que dia bonito!", não têm de dizer sempre este "Que dia bonito!" com uma entonação feliz. Quando se diz: "Hoje estou triste", não é preciso usar sempre uma entonação triste. Isso é um clichê, um lugar comum. O homem é muito mais complicado. Quase não acreditamos no que dizemos. Quando uma mulher diz: "Hoje estou triste", em que estará pensando? Talvez quisesse dizer: "Vá embora!", ou ainda: "Estou sozinha". Tem-se de ter consciência do que existe atrás das palavras. Por exemplo, quando uso a palavra "belo", faço com alegria na voz. Quase sempre, o significado

O DISCURSO DE SKARA

mais profundo da nossa reação está escondido. Deve-se saber que a reação autêntica transmitida pelas palavras existe realmente, e não apenas ilustra as palavras.

Quando o homem diz uma oração, tem reações diferentes, impulsos diferentes e motivos diferentes. Talvez esteja pedindo ajuda ou agradecendo. Talvez queira esquecer algo desagradável. As palavras são sempre um pretexto. As palavras nunca devem ser ilustradas. A mesma coisa se dá com a ação. Sabe-se, por exemplo, que em certa cena de uma peça realista (tomo conscientemente o exemplo de uma peça realista, pois tudo o que eu disse pode ser aplicado a um repertório realista também) existem momentos você parece se entediar. Tudo deve ser entediante. O que faz o mau ator nesse caso? Ilustra a ação; seus gestos e movimentos imitam a representação de um homem entediado. Mas entediar-se realmente é não encontrar algo capaz de nos interessar. Um homem, nessa situação, é muito ativo. Ele pode começar a ler um livro, mas o livro não lhe fixa a atenção. Depois, procura comer algo. Mas tudo tem gosto ruim. Então, resolve sair um pouco, ir até o jardim, mas hoje o jardim está sem graça; o ar, pesado; a atmosfera, depressiva. Então, ele tenta dormir. Isso é bastante concreto. Mas hoje o sono lhe foge. Em outras palavras, ele está sempre ativo. Não tem mais tempo de representar o homem que está aborrecido. Ele age muito mais do que em outras situações. Esse é o exemplo fornecido por Stanislavski. No entanto, isso está também de acordo com o teatro realista, uma vez que, quando um homem faz algo concreto, quando, por exemplo, faz algo para os outros, quando trabalha e executa suas obrigações, dentro de tais ações existem reações pessoais que não correspondem ao que ele faz, com a ideia externa das suas ações.

Outro exemplo: um ator tem de escrever um exercício. Mas na realidade, por meio do ato de escrever, cada um de nós realiza um projeto diferente. Alguém quer fazê-lo imediatamente, a fim de ter tempo para algo que considera mais importante. Outro não quer fazer; não gosta de seu lápis ou de seu papel; tudo está errado. Outro quer ser um bom aluno. Quer mostrar como pode fazer bem esse exercício: "As outras crianças têm lápis com a ponta gasta, mas a ponta do meu está ótima. As outras crianças têm papéis amassados e sujos, mas o meu papel está ótimo. As outras crianças escrevem sem pensar no que estão escrevendo, mas eu me concentrei totalmente." Essa é a realidade.

Evitem sempre a banalidade. Isto é, evitem ilustrar as palavras e as observações do autor. *Se se deseja criar uma verdadeira obra-prima, deve-se sempre evitar as belas mentiras*: as verdades de calendário, onde, sob cada data, encontra-se um provérbio como: "Aquele que é bom para os outros será feliz." Mas isso não é verdade. É uma mentira. O espectador talvez fique contente. O espectador gosta de verdades fáceis. Mas não estamos no teatro para agradar ou alcovitar o espectador. Estamos ali para dizer-lhe a verdade.

Tomemos por exemplo a Madona. Falei com uma das participantes, uma senhora da Finlândia, e ela me deu um exemplo para isso. Disse que, toda vez que se representa a Madona, seja em uma peça religiosa ou não, e quer se trate da Virgem Maria ou apenas da maternidade, essa maternidade abençoada é sempre representada por uma mãe debruçada com amor sobre sua criança. "Mas", disse-me ela, "eu sou mãe e sei que a maternidade é ao mesmo tempo a Madona e uma vaca. Essa é a verdade." Não é uma metáfora, é a verdade. A mãe dá seu leite à criança, e tem reações psicológicas não muito diferentes das de uma vaca. Ao mesmo tempo, podemos ver na maternidade coisas verdadeiramente sagradas. A verdade é complicada. Portanto, evitem as belas mentiras. *Sempre tentem mostrar o lado desconhecido das coisas ao espectador.* Ele vai protestar, mas nunca esquecerá o que vocês fizeram. Depois de alguns anos, ele dirá: "Aquele falou a verdade. Trata-se de um grande ator."

Sempre procurem a verdade real, e não o conceito popular da verdade. Usem suas próprias experiências reais, específicas, íntimas. Isso significa que muitas vezes se vai dar a impressão de falta de tato. Tenham sempre como objetivo a autenticidade.

No início desse seminário, dei um exemplo de representação de uma morte. Vocês nunca podem representar a morte como um morto, pois não têm conhecimento da morte. Só podem representar suas experiências mais íntimas. Por exemplo, sua experiência de amor, do seu medo quando em face da morte, e do sofrimento. Ou ainda suas reações psicológicas diante de alguém que está morto, ou um tipo de comparação entre você e a pessoa morta. Trata-se de um processo analítico. Que faz o morto? Estou manco, sem movimentos, mas estou vivo. Por quê? Porque existe o pensamento. Em suma, façam sempre o que está intimamente ligado com as suas próprias experiências.

Eu disse aqui, diversas vezes, que o ator deve revelar-se, deve mostrar o que é mais pessoal, e sempre da maneira mais autêntica. Numa espécie de excesso para o espectador. Mas vocês não devem esforçar-se para isso. Apenas ajam com o seu ser. Nos momentos mais importantes do papel, revelem suas experiências mais pessoais e mais fortemente guardadas. Em outros momentos, usem os símbolos, mas justifiquem-nos. Isso basta. Não precisam vir com isso desde o início. Galguem degrau por degrau, mas sem falsidade, sem fazer imitações, sempre com toda a personalidade, com todo o corpo. Como resultado, vocês descobrirão algum dia que o corpo começou a reagir totalmente, o que significa que está quase aniquilado, que quase não existe mais. Não oferece mais resistências. Seus impulsos estão livres.

Finalmente, algo que é muito importante, algo que é, na verdade, a essência do nosso trabalho: a moralidade. Compreendam que não estou falando de moralidade no sentido usual e cotidiano da palavra. Por exemplo, se vocês mataram alguém, trata-se de um problema ético de vocês. Não se trata de um problema meu ou do seu colaborador. Para mim, a moralidade significa expressar, no seu trabalho, a sua verdade inteira. É difícil, mas é possível. E isso é o que cria toda grande obra de arte. Certamente, é muito mais fácil falar da experiência de matar alguém. Existe *pathos* nisso. Mas existem muitos outros problemas mais pessoais, que não possuem o mesmo *pathos* do crime, e ter a coragem de falar deles é fazer arte.

Tenho repetido aqui, diversas vezes, porque acredito ser essencial, que se deve ser rigoroso no próprio trabalho, e que se deve ser organizado e disciplinado, e o fato de o trabalho ser cansativo é absolutamente necessário. Muitas vezes, tem-se de estar totalmente exausto para quebrar a resistência da mente e começar a representar com autenticidade.

No entanto, não quero dizer que se tenha de ser masoquista. Quando for necessário, quando o diretor lhes der uma tarefa, quando o ensaio está em franco progresso — nesses momentos, deve-se livrar de qualquer fadiga. As regras do trabalho são duras. Não há lugar para mimosas, intocáveis em sua fragilidade. Mas não procurem sempre associações tristes de sofrimento, de crueldade. Procurem também algo luminoso. Muitas vezes, podemos nos abrir

O DISCURSO DE SKARA

por meio de recordações sensuais de dias lindos, de recordações do paraíso perdido, pela recordação de momentos, pequenos em si mesmos, em que estivemos verdadeiramente abertos, em que tínhamos confiança, em que fomos felizes. Isso é muitas vezes mais difícil de penetrar do que em labirintos escuros, uma vez que se trata de um tesouro que não queremos doar. Mas frequentemente nos traz a possibilidade de encontrar a confiança no próprio trabalho, um relaxamento que não é técnico, mas se fundamenta no impulso correto.

Quando falo, por exemplo, na necessidade de silêncio durante o trabalho, falo de algo difícil, do ponto de vista prático, mas que é de absoluta necessidade. Sem um silêncio exterior, vocês não podem atingir aquele silêncio interior, o silêncio da mente. Quando se deseja revelar seu tesouro, suas fontes, deve-se trabalhar em silêncio. Evitem todos os elementos da vida privada, do contato privado: sussurros, conversas etc. Vocês podem se divertir durante o trabalho, mas dentro das fronteiras do trabalho, e não de um modo particular. De outra forma, não atingirão bons resultados.

Depois disso, quero dizer a vocês que não conseguirão grandes alturas caso se orientem para o público. Não estou falando de um contato direto, mas de um tipo de servidão, do desejo de ser aclamado, de ganhar aplausos e palavras de louvor. É impossível, trabalhando dessa forma, criar algo de grande. Os grandes trabalhos são sempre fontes de conflito. Os verdadeiros artistas não têm uma vida fácil, e não são, de início, aclamados e carregados nos ombros. No início, e durante muito tempo, existe uma luta dura. O artista fala a verdade. A verdade é quase sempre muito diferente do conceito popular de verdade. O público não gosta de enfrentar problemas. É muito mais fácil para o espectador encontrar na peça o que já sabe. Daí, nasce o conflito. Mas depois, passo a passo, esse mesmo público começa a verificar que são aqueles mesmos artistas, aqueles mesmos artistas peculiares, que ele não pode esquecer. Então, chega o momento em que se pode dizer que se conseguiu a glória. E se assegurou o direito de falar aquelas verdades que não as populares. Nesse momento, há duas possibilidades. Ou se acha que tal posição social é muito importante para si próprio, e isso significa que se bloqueou qualquer desenvolvimento posterior; começa-se a ter medo de perder a posição e então passa-se a dizer as mesmas coisas que os outros dizem. Ou se continua sentindo-se livre como artista; ainda não se está orientado para o público; continua-se procurando a verdade, mesmo a que se esconde em camadas mais profundas. Então, irá cada vez mais longe, e permanecerá um grande homem.

Na Polônia, antes da guerra, houve um ator famoso que encontrou uma palavra excelente para essa orientação em direção ao público. As plantas orientam-se em direção do sol. Nessas circunstâncias, nós falamos de tropismo. De forma que esse ator, Osterwa, falou de *publicotropismo*. Trata-se do pior inimigo do ator.

O encontro americano

Fragmento de uma entrevista concedida em 1º de dezembro de 1967, em Nova York. Jerzy Grotowski, juntamente com seu colaborador Ryszard Cieslak, concluíra um curso para alguns estudantes da Escola de Artes da Universidade de Nova York. Estavam presentes à entrevista Theodore Hoffman, Richard Schechner, Jacques Chwat e Mary Tierney. Jacques Chwat serviu como intérprete de Grotowski, tanto na entrevista quanto no curso. O texto completo desta entrevista foi publicado em *The Drama Review*, TDR. (Volume 13, nº 1, outubro de 1968.)

SCHECHNER: VOCÊ FALOU DIVERSAS VEZES EM "ÉTICA ARTÍSTICA";
QUE SIGNIFICA ISSO PARA A VIDA ARTÍSTICA?

Grotowski: Durante o curso, não usei a palavra "ética", mas sem
dúvida, no fundo do que eu disse, havia uma atitude ética. Por
que não usei a palavra "ética"? As pessoas que falam sobre ética
geralmente querem impor um tipo de hipocrisia aos outros, um
sistema de gestos e de comportamento que serve como uma ética.
Jesus Cristo sugeriu deveres éticos, mas, apesar de ter milagres à
sua disposição, não conseguiu melhorar a humanidade. Por que,
então, renovar esse esforço?

Talvez devêssemos fazer-nos perguntas apenas sobre as ações
necessárias no caminho da criatividade artística. Por exemplo, se
durante a criação nós escondemos aquilo que funciona em nossa
vida pessoal, pode-se ter certeza de que nossa criatividade falhará. Apresentamos uma imagem irreal de nós mesmos; não nos
expressaremos e começaremos um tipo de namoro intelectual ou
filosófico — usaremos truques, e a criatividade será impossível.

Não podemos esconder nossas coisas pessoais, essenciais —
mesmo se se tratarem de pecados. Ao contrário, se esses pecados
estiverem profundamente enraizados — talvez nem sejam pecados,
mas tentações —, poderemos abrir a porta para o ciclo das asso-

ciações. O processo criativo consiste, no entanto, em não apenas nos revelarmos, mas na estruturação do que é revelado. Se nos revelarmos com todas essas tentações, nós as transcenderemos, nós as dirigiremos por intermédio de nossa consciência.

Esse é realmente o âmago do problema ético: não esconder o que for básico. Não importa se o material é moral ou imoral: nossa primeira obrigação, na arte, é nos expressar por meio de nossos próprios motivos pessoais.

Outro fator muito importante para a ética criativa é correr riscos. A fim de criar, devemos, cada vez, correr todos os riscos do fracasso. Isso significa que não podemos repetir um velho caminho familiar. Na primeira vez que empreendemos um caminho, há um percurso rumo ao desconhecido, um processo solene de busca, estudo e confronto, que evoca uma "radiação" especial resultante da contradição. Essa contradição consiste em um domínio do desconhecido — o que não é nada mais do que uma falta de autoconhecimento — e do encontro das técnicas para modelá-lo, estruturá-lo, reconhecê-lo. O processo para conseguir o autoconhecimento empresta força ao trabalho de cada um.

Na segunda vez que manipulamos o mesmo material, se empreendermos o caminho conhecido, já não teremos mais esse desconhecido dentro de nós como ponto de referência; só ficaram os truques — estereótipos que podem ser filosóficos, morais ou técnicos. Não se trata de um problema ético. Não estou falando de "grandes valores". Uma autopesquisa é simplesmente o direito da nossa profissão, nosso primeiro direito. Pode-se chamá-lo de ético, mas pessoalmente prefiro tratá-lo como parte da técnica.

A terceira coisa que poderíamos considerar "ética" é o problema do processo e do resultado. Quando trabalho — seja durante um curso ou quando dirijo —, o que digo nunca é uma verdade objetiva. O que quer que eu diga — são sempre estímulos que fornecem ao ator a possibilidade de ser criativo. Eu digo "Preste atenção naquilo", procure esse processo solene e reconhecível. Não se deve pensar no resultado. Mas, ao mesmo tempo, não se pode ignorar o resultado, porque, do ponto de vista objetivo, o fator decisivo na arte é o resultado. Assim, a arte é imoral. Está certo quem obtiver o resultado. É exatamente isso. Mas a fim de conseguir o resultado — e nisso reside um paradoxo — não se deve procurar por ele. Se alguém se lança à sua procura, bloqueia o natural processo criativo. Observem os trabalhos cerebrais: a inteligência impõe soluções já conhecidas, e começa-se a trapacear com coisas conhecidas. Eis por que devemos olhar sem fixar nossa atenção no resultado. Procuramos o quê? Que são, por exemplo, minhas associações, minhas recordações chaves — reconhecê-las não pelo pensamento, mas por meio dos meus impulsos corporais; tornar-me consciente deles, dominá-los e organizá-los, e descobrir se são mais fortes agora do que eram quando sem forma. Eles nos revelam mais ou menos? Se menos, é porque não os estruturamos bem.

Não devemos pensar no resultado, que este virá; chegará o momento em que a luta pelo resultado será totalmente consciente e inevitável, envolvendo toda a nossa maquinaria mental. O único problema é: quando?

No momento exato em que nosso material criativo vivo está concretamente presente. Nesse ponto, podemos usar a inteligência para estruturar as associações e estudar o relacionamento com a plateia. As coisas antes proibidas são permitidas agora. E, claro, há as variações individuais. Há a possibilidade de alguém começar com o jogo mental, e depois, mais tarde, abandoná-lo por algum tempo, voltando depois a ele. Se for esse o seu caminho, mesmo assim não pensem ainda no resultado, mas no processo de reconhecer o material vivo.

Outro problema chama-se "ética". Se alguém formula o que eu estou para formular, pensa-se que é algo muito ético; mas eu o descobri na base de um problema completamente objetivo e técnico. O princípio é o de que o ator, a fim de se realizar, não deve trabalhar para si mesmo. Penetrando em sua relação com os outros — estudando os elementos de contato —, o ator descobrirá o que está nele. Deve dar-se totalmente.

Mas há um problema. O ator tem duas possibilidades: 1) ou representa para a plateia — o que é completamente natural, se pensamos na função do teatro —, o que o leva a um tipo de namoro que significa que ele está representando para ele mesmo, pela satisfação de ser aceito, amado, de se afirmar — e o resultado é o narcisismo; ou 2) trabalha diretamente para si mesmo. Isso significa que ele observa suas emoções, procura a riqueza dos seus estados psíquicos — e esse é o caminho mais curto para a histeria e a hipocrisia. Por que hipocrisia? Porque todos os estados psíquicos observados não são mais vividos, uma vez que uma emoção observada não é mais emoção. E há sempre a pressão de arrancar grandes emoções de dentro da gente. Mas as emoções não dependem da nossa vontade. Começamos a imitar as emoções dentro da gente, e isso é pura hipocrisia. Então, o ator procura algo de concreto nele mesmo, e a coisa mais fácil é a histeria. Ele se esconde atrás de reações, e também isso, é narcisismo. Mas se representar não é algo para a plateia nem para si mesmo, que restou?

O ENCONTRO AMERICANO

A resposta é difícil. Começamos por descobrir aquelas cenas que dão ao ator a oportunidade de pesquisar seu relacionamento com os outros. Ele penetra os elementos de contato no corpo. Concretamente, procura aquelas recordações e associações que condicionaram decisivamente a forma de contato. Deve entregar-se por completo a essa pesquisa. Nesse sentido, trata-se de um autêntico amor, de um profundo amor. Mas não há resposta para a pergunta: "Amor a quem?" Não a Deus, que já não funciona para a nossa geração. E não à natureza ou ao panteísmo. Trata-se de mistérios enfumaçados. O homem sempre precisa de outro ser humano, que pode realizá-lo e compreendê-lo absolutamente. Mas isso é como amar o Absoluto ou o Ideal, amar alguém que nos compreende mas que nunca encontramos.

Alguém por quem se procura. Não há uma resposta simples, única. Uma coisa é clara: o ator deve dar-se, e não representar para si mesmo ou para o espectador. Sua procura deve ser dirigida de dentro dele em direção ao exterior, mas não *para* o exterior.

Quando o ator começa a trabalhar através do contato, quando começa a viver em relação a alguém — não ao seu comportamento de palco, mas ao companheiro de sua própria biografia —, quando começa a se aprofundar no estudo dos impulsos do seu corpo, a relação desse contato, esse processo de troca, o ator renasce. Imediatamente, começa a usar os outros atores como telas para o companheiro da sua vida, começa a projetar coisas sobre os personagens da peça. E esse é um segundo renascimento.

Finalmente, o ator descobre o que eu chamo de "companheiro seguro", este ser especial diante do qual ele faz tudo, diante do qual ele representa com os outros personagens, a quem ele revela seus problemas e suas experiências pessoais. Esse ser humano — esse "companheiro seguro" — não pode ser definido. Mas no momento em que o ator descobre seu "companheiro seguro", o terceiro e mais forte renascimento ocorre, e observa-se uma modificação visível em seu comportamento. É durante esse terceiro renascimento que o ator encontra soluções para os problemas mais difíceis: como criar quando se está controlado por outros, como criar sem a segurança da criação, como encontrar a segurança que é inevitável se desejamos *nos expressar*, apesar do fato de que o teatro é uma criação *coletiva*, na qual somos controlados por diversas pessoas, e um trabalho de diversas horas nos é imposto.

Não precisamos definir esse "companheiro seguro" para o ator, precisamos apenas dizer-lhe: "Você tem de doar-se totalmente." E muitos atores compreendem. Cada ator tem sua própria oportunidade de fazer essa descoberta, e trata-se de uma oportunidade diferente para cada um. Esse terceiro renascimento não é nem para si mesmo nem para o espectador. É muito mais paradoxal. Dá ao ator uma amplitude máxima de possibilidades. Podemos pensar nisso como se fosse um problema ético, mas na verdade é técnico — apesar do fato de que é também misterioso.

SCHECHNER: DUAS PERGUNTAS RELACIONADAS. DIVERSAS VEZES, VOCÊ DISSE AOS ESTUDANTES — PARTICULARMENTE DURANTE OS EXERCICES PLASTIQUES (QUE DESCREVEREI MAIS TARDE) — "PARA SE SUPERAREM A SI MESMOS", "TER CORAGEM", "IR ALÉM". E DISSE TAMBÉM QUE DEVEM RESIGNAR-SE A "NÃO FAZER". PRIMEIRA PERGUNTA: QUAL É A RELAÇÃO ENTRE SUPERAR-SE E RESIGNAR-SE? SEGUNDA PERGUNTA — E AS FAÇO JUNTAS POR QUE ACREDITO QUE ESTEJAM RELACIONADAS, EMBORA NÃO SAIBA POR QUE —: DIVERSAS VEZES, QUANDO ESTÁVAMOS TRABALHANDO EM CENAS DE SHAKESPEARE,

O ENCONTRO AMERICANO

VOCÊ DISSE: "NÃO REPRESENTE O TEXTO, VOCÊ NÃO É JULIETA, VOCÊ NÃO ESCREVEU O TEXTO." QUE QUIS VOCÊ DIZER COM ISSO?

Grotowski: Sem dúvida, suas perguntas se relacionam, seus impulsos são muito precisos. Mas é muito difícil explicar. Sei a relação, mas é muito difícil para mim expressá-la em termos lógicos. Aceito isso. Em certo momento, a lógica tradicional não funciona. Houve um período em minha carreira em que eu quis encontrar uma explicação lógica para tudo. Fiz fórmulas abstratas para abranger dois processos divergentes. Mas essas fórmulas abstratas não eram reais. Fiz belas frases, que davam a impressão de que tudo era lógico. Mas isso era trapaça, e decidi não fazê-lo outra vez. Quando não sei o porquê das coisas, não tento criar fórmulas. Mas, muitas vezes, é apenas um problema de sistemas lógicos diferentes. Na vida, temos tanto a lógica formal quanto a paradoxal. O sistema lógico paradoxal é estranho à nossa civilização, mas muito comum ao pensamento oriental e medieval. Será muito difícil para mim explicar a relação proposta por você em suas perguntas, mas acredito poder explicar as consequências dessa relação.

Quando digo "ir além de si mesmo", estou pedindo um esforço insuportável. A pessoa é obrigada a não parar, apesar da fadiga, e a fazer coisas que bem sabe que não pode fazer. Significa que se é obrigado a ter coragem. Isso conduz a quê? Há certos pontos de fadiga que derrubam o controle da mente, controle que nos bloqueia. Quando encontramos a coragem de fazer coisas impossíveis, fazemos a descoberta de que o nosso corpo não nos bloqueia. Fazemos o impossível e a divisão, dentro de nós, entre conceito e aptidão do corpo desaparece. Essa atitude, essa determinação, é um treinamento de como ir além dos nossos limites. Não se trata de limites da nossa natureza, mas do nosso desconforto. São os limites que nos impomos que bloqueiam o processo criativo, porque a criatividade nunca é confortável. Se começamos realmente a trabalhar com associações durante os *exercices plastiques* [exercícios plásticos], transformando os movimentos do corpo num ciclo de impulsos pessoais — nesse momento, devemos prolongar nossa determinação, e nunca procurar o fácil. Podemos "representá-lo", em um mau sentido, calculando um movimento, um olhar, e os pensamentos. Isso é simplesmente uma sondagem.

Que é que desimpedirá as possibilidades naturais e integrais? Agir — isto é, reagir —, não conduzir o processo, mas relacioná-lo com experiências pessoais, e ser conduzido. O processo deve nos possuir. Nesses momentos, devemos ser internamente passivos, mas externamente ativos. A fórmula de resignar-se a "não fazer" é um estímulo. Mas se o ator diz "Agora eu devo me decidir a encontrar minhas experiências e minhas associações íntimas, devo encontrar meu companheiro seguro", ele será ativo, e também como alguém confessando que já elaborou tudo em belas frases. Ele confessa, mas isso é nada. Se ele se resigna, porém, a "não fazer" essa coisa difícil, e reporta-se a coisas que são verdadeiramente pessoais e as exterioriza, encontrará uma verdade muito difícil. Tal passividade interna confere ao ator uma chance a ser aproveitada. Se se começa muito cedo a conduzir o trabalho, o processo está bloqueado.

SCHECHNER: ENTÃO FOI POR ISSO QUE VOCÊ DISSE: "NÃO REPRESENTE O TEXTO." AINDA NÃO ERA TEMPO.

Grotowski: Sim. Se o ator quer representar o texto, está fazendo o mais fácil. O texto está escrito, ele fala com sentimento e livra-se da obrigação de fazer algo ele mesmo. Mas se, como fizemos durante os últimos dias, ele trabalha com uma partitura silenciosa — dizendo o texto apenas em seu pensamento —, desmascara essa falta de ação e reação pessoais. Então, o ator é obrigado a referir-se a ele mesmo, dentro de seu próprio contexto, e a encontrar sua própria linha de impulsos. Nós podemos não dizer nada do texto, ou então "recitá-lo" como uma citação. O ator pensa que está citando, mas encontra o ciclo de pensamento revelado nas palavras. Há muitas possibilidades. Durante a cena do assassinato de Desdêmona, na qual trabalhamos durante o curso, o texto funcionou como uma peça de amor erótico. Aquelas palavras transformaram-se na atriz — não importa que ela não as tenha escrito. O problema é sempre o mesmo: pare com a trapaça e encontre os impulsos autênticos. O objetivo é o de um encontro entre texto e ator.

HOFFMAN: QUANDO OS ESTUDANTES ESTAVAM FAZENDO TRABALHOS PESSOAIS, VOCÊ EXIGIA SILÊNCIO ABSOLUTO. ISSO ERA DIFÍCIL DE CONSEGUIR, POIS FOGE ÀS NOSSAS TRADIÇÕES, PELAS QUAIS SOMOS TODOS "COLABORADORES AMIGOS", RESPONDENDO AMOROSAMENTE AO NOSSO COLEGA ATOR. FALE UM POUCO SOBRE ISSO.

Grotowski: A falta de tato é a minha especialidade. Nesse país, observei certa cordialidade externa, que faz parte da máscara diária de vocês. As pessoas são muito "amáveis", mas é muito difícil para elas estabelecerem um contato autêntico; basicamente, são muito sozinhas. Se confraternizamos muito facilmente, sem etiquetas ou cerimônias, o contato natural é impossível. Se se é sincero com o outro, ele encara isso como parte da máscara cotidiana.

EM BUSCA DE UM TEATRO POBRE

Acho que as pessoas aqui funcionam e comportam-se como instrumentos ou objetos. Por exemplo — e isto tem-me acontecido frequentemente —, tenho sido muito convidado para sair por pessoas que não são minhas amigas. Depois de uns poucos drinques, elas começam, histericamente, a se confessar, e me colocam na posição de juiz. Trata-se de um papel que me é imposto, como se eu fosse uma cadeira para elas descansarem. Sou tanto um juiz quanto um consumidor que vai a um armazém; nessa base, o armazém não está ali para o cliente— ele existe para o armazém.

Há tipos de comportamento, em cada país, que temos de desrespeitar para que seja possível criar. A criatividade não significa o uso de nossas máscaras cotidianas, mas o fazer situações excepcionais, nas quais nossas máscaras cotidianas não funcionem. Vejam o ator. Ele trabalha defronte dos outros, deve confessar seus motivos pessoais, deve expressar coisas que sempre esconde. Deve fazê-lo conscientemente, de uma forma estruturada, porque uma confissão inarticulada não é uma confissão de verdade. O que o bloqueia ao máximo são os seus companheiros e o diretor. Se ele prestar atenção às reações dos outros, será bloqueado. Fica pensando que sua confissão é engraçada. Pensa que pode tornar-se objeto de discussões veladas, e não consegue revelar-se. Todo ator que discute secretamente as associações íntimas de outro ator sabe que, quando expressar seus motivos pessoais, ele também será motivo das piadas de mais alguém. Assim, devemos impor aos atores e aos diretores uma obrigação rígida de serem discretos. Não se trata apenas de um problema ético, mas de uma obrigação profissional — como a que se impõe aos médicos e advogados.

O silêncio significa algo mais. O ator é sempre tentado ao *publicotropismo*. Isso bloqueia os processos e resultados profundos

O ENCONTRO AMERICANO

naquele namoro de que falei antes. Por exemplo, o ator faz algo que pode ser considerado engraçado, no sentido positivo: seus colegas riem. Então, ele começa a tentar fazê-los rir mais. E o que era antes uma reação natural torna-se artificial.

Há ainda o problema da passividade criadora. É difícil de expressar, mas o ator deve começar não fazendo nada. Silêncio. Silêncio total. Isso inclui até os seus pensamentos. O silêncio externo trabalha como um estímulo. Se há um silêncio absoluto, e se, por diversos momentos, o ator não faz absolutamente nada, esse silêncio interno começa, e volta toda a sua natureza em direção às suas fontes.

SCHECHNER: GOSTARIA, AGORA, DE PASSAR A UMA ÁREA AFIM. MUITO DO TRABALHO DESSE CURSO, E ACREDITO QUE TAMBÉM O DA SUA COMPANHIA, DIZ RESPEITO AOS EXERCICES PLASTIQUES. NÃO QUERO TRADUZIR ESSA EXPRESSÃO, PORQUE O TRABALHO NÃO É EXATAMENTE O QUE ENTENDEMOS EM INGLÊS POR "MOVIMENTO CORPORAL". SEUS EXERCÍCIOS SÃO PSICOFÍSICOS, E HÁ UMA ABSO-LUTA UNIDADE ENTRE O FÍSICO E O PSÍQUICO. AS ASSOCIAÇÕES DO CORPO SÃO TAMBÉM ASSOCIAÇÕES DOS SENTIDOS. COMO VOCÊ DESENVOLVEU ESSES EXERCÍCIOS, E COMO FUNCIONAM NO TREINA-MENTO E NA MONTAGEM?

Grotowski: Todos os exercícios de movimentos tinham, no princípio, uma função diferente. Seu desenvolvimento é resultado de muita experimentação. Por exemplo, começamos praticando yoga, visando a uma concentração absoluta. Será verdade, perguntamos, que a yoga confere ao ator o poder de concentração? Observamos que, apesar de todas as nossas esperanças, acontecia exatamente o contrário. Havia certa concentração, mas era introvertida. Essa concentração destrói toda a expressão; trata-se de um sono interno, um equilíbrio inexpressivo; um repouso absoluto, que elimina todas as ações. Isso deveria ser óbvio, porque o objetivo da yoga é parar três processos: o pensamento, a respiração e a ejaculação. Isso significa que todos os processos da vida são interrompidos, e encontra-se a plenitude e a realização em uma morte consciente, em uma autonomia fechada em nossa própria essência. Não condeno, mas não é para atores.

Mas observamos também que certas posições de yoga ajudam muito as reações naturais da coluna vertebral; conduzem a uma segurança em relação ao próprio corpo, a uma adaptação natural no espaço. Então, por que não aproveitá-las? Começamos a pesquisar, a buscar os diferentes tipos de contato nesses exercícios. Como poderíamos transformar os elementos físicos em elementos de contato humano? Representando com o próprio companheiro. Um diálogo vivo com o corpo, com o companheiro que evocamos em nossa imaginação ou talvez entre as partes do corpo — quando as mãos falam com as pernas —, sem colocar esse diálogo em palavras e pensamentos. Essas posições quase paradoxais vão além dos limites do naturalismo.

Começamos também a trabalhar com o sistema de Delsarte. Eu estava muito interessado na tese de Delsarte, de que existem reações introvertidas e extrovertidas no contato humano. Ao mesmo tempo, achei sua tese muito estereotipada: era muito engraçada como treinamento do ator, mas havia algo nela que passei a estudar. Começamos procurando em todo o programa de Delsarte aqueles elementos que não eram estereotipados. Terminamos por ter de achar novos elementos nossos, a fim de realizar o objetivo

O ENCONTRO AMERICANO

do nosso programa. Então, a personalidade do ator trabalhando como instrutor tornou-se instrumental. Os exercícios físicos foram amplamente desenvolvidos pelos atores. Eu fazia apenas as perguntas, os atores pesquisavam. Uma pergunta seguia-se a outra. Alguns dos exercícios eram condicionados por uma atriz que tinha grande dificuldade em realizá-los. Por essa razão, transformei-a em instrutora. Ela era muito ambiciosa, e agora é uma grande mestra nesses exercícios — mas pesquisamos juntos.

Mais tarde, verificamos que, se tratamos os exercícios como puramente físicos, desenvolvem-se uma hipocrisia emotiva e gestos graciosos com as emoções de uma dança de fadas. Então, desistimos e começamos a procurar uma justificação pessoal nos mínimos detalhes. Pela representação com colegas, com um sentido de surpresa, de inesperado — justificações reais que eram inesperadas — como lutar, como fazer gestos descorteses, como parodiar-se, e assim por diante. Naquele momento, os exercícios adquiriram vida.

Com esses exercícios, procuramos uma conjunção entre a estrutura de um elemento e as associações que o transformam no modo particular de cada ator. Como podemos conservar os elementos objetivos e ainda continuar além, em direção a um trabalho puramente subjetivo? Essa é a contradição do representar. É a essência do treinamento.

Há diferentes tipos de exercícios. O programa é sempre aberto. Quando estamos trabalhando em uma produção, não usamos os exercícios em uma peça. Se o fizéssemos, seria estereotipado. Mas para certas peças, certas cenas, devemos fazer exercícios especiais. Algumas vezes, algo se aproveita desses exercícios para o programa básico.

Houve períodos — de até oito meses — em que não fizemos exercício algum. Verificamos que estávamos fazendo exercícios pelos exercícios, e desistimos deles. Os atores começaram a procurar a perfeição, a fazerem coisas impossíveis. Era como o tigre que come a própria cauda. Nesse momento, paramos os exercícios por oito meses. Quando os reiniciamos, eram completamente diferentes. O corpo desenvolvia novas resistências, as pessoas eram as mesmas, mas se tinham modificado. E reiniciamos com um acréscimo maior de personalização.

Declaração de princípios

Jerzy Grotowski escreveu este texto para uso interno no Teatro Laboratório, e, em particular, para os atores que faziam um aprendizado, antes de serem aceitos na companhia, a fim de colocá-los em contato com os princípios básicos do trabalho ali realizado.

I

O ritmo de vida na civilização moderna se caracteriza pela tensão, por um sentimento de condenação, pelo desejo de esconder nossas motivações pessoais, e por uma adoção da variedade de papéis e máscaras da vida (máscaras diferentes para a nossa família, o trabalho, entre amigos e na vida em comunidade etc.). Gostamos de ser "científicos", querendo dizer racionais e cerebrais, uma vez que tal atitude é ditada pelo curso da civilização. Mas também queremos fazer uma homenagem ao nosso lado biológico, o que poderíamos chamar de prazeres fisiológicos. Não queremos ser limitados nessa esfera. Portanto, fazemos um jogo duplo de intelecto e instinto, pensamento e emoção; tentamos dividir-nos artificialmente em corpo e alma. Quando tentamos nos livrar disso tudo, começamos a gritar e a bater com o pé, convulsionamo-nos com o ritmo da música. Em nossa busca de liberação, atingimos o caos biológico. Sofremos mais com uma falta de totalidade, atirando-nos, dissipando-nos.

O teatro — por meio da técnica do ator, de sua arte, na qual o organismo vivo se esforça para atingir motivações mais altas — proporciona uma oportunidade que poderia ser chamada de integração, de um tirar de máscaras, de uma revelação da substância autêntica: uma totalidade de reações físicas e mentais. A oportunidade deve ser tratada de forma disciplinada, com uma consciência total das responsabilidades que isso envolve. Aqui, podemos ver a função terapêutica do teatro para as pessoas, em nossa civilização atual. É verdade que o ator executa essa ação, mas só pode executá-la por meio de um encontro com o espectador — intimamente, visivelmente, sem se esconder atrás de um cinegrafista, do assistente ou da maquiadora — em um confronto direto com ele, e de certa forma "em lugar dele". A representação do ator — afastando as meias medidas, revelando-se, abrindo-se, emergindo de si mesmo, em oposição ao fechamento — é um convite ao espectador. Esse ato deve ser comparado a um ato dos mais profundamente enraizados, a um amor genuíno entre dois seres humanos — sendo isso apenas uma comparação, já que só podemos nos referir a tal "emergir de si mesmo" por meio de uma analogia. A esse ato, paradoxal e fronteiriço, chamamos de ato total. Em nossa opinião, ele epitomiza o apelo mais profundo do ator.

II

Por que sacrificamos tanta energia à nossa arte? Não é para ensinar aos outros, mas para aprender com eles o que nossa existência, nosso organismo, nossa experiência pessoal e ainda não treinada tem para nos ensinar; para aprender a romper os limites que nos aprisionam e a libertar-nos das cadeias que nos puxam para trás, das mentiras sobre nós mesmos, que manufaturamos cotidianamente, para nós e para os outros; para as limitações causadas pela nossa ignorância e falta de coragem; em resumo, para preencher o vazio em nós; para nos realizarmos. A arte não é um estado da alma (no sentido de algum momento extraordinário e imprevi-

DECLARAÇÃO DE PRINCÍPIOS

sível de inspiração), nem um estado do homem (no sentido de uma profissão ou função social). A arte é um amadurecimento, uma evolução, uma ascensão que nos torna capazes de emergir da escuridão para uma luz fantástica.

Lutamos, então, para descobrir, experimentar a verdade sobre nós mesmos; rasgar as máscaras atrás das quais nos escondemos diariamente. Vemos o teatro — especialmente em seu aspecto palpável, carnal — como um lugar de provocação, uma transformação do ator, e também, indiretamente, de outras pessoas. O teatro só tem significado se nos permite transcender a nossa visão estereotipada de nossos sentimentos e costumes convencionais, de nossos padrões de julgamento — não somente pelo amor de fazê-lo, mas para podermos experimentar o que é real e, tendo já desistido de todas as fugas e de todos os fingimentos diários, em um estado de completo e desvelado abandono, descobrir-nos. Dessa forma — por meio do choque, do tremor que nos causa o rasgar nossas máscaras e maneirismos diários — somos capazes, sem nada ocultar, de confiarmo-nos a algo que não podemos denominar, mas em que vivem Eros e Caritas.

III

A arte não pode ser limitada pelas leis da moralidade comum ou de qualquer catecismo. O ator, pelo menos em parte, é criador, modelo e criação encarnados num só. Ele deve possuir pudor, pois do contrário será levado ao exibicionismo. Deve ter coragem, mas não apenas a coragem de exibir-se — uma coragem passiva, poderíamos dizer: a coragem de um desarmado, a coragem de revelar-se. Nem aquilo que toca a esfera interior nem o profundo

EM BUSCA DE UM TEATRO POBRE

desnudamento do ser devem ser encarados como um mal, pois tanto no processo de preparação quanto no trabalho acabado produzem um ato de criação. Se não aparecerem facilmente, e se não forem sinais de um afloramento, mas de uma maestria, serão criativos; revelam-nos e purificam-nos enquanto *nos transcendemos*. Na verdade, impelem-nos a isso.

Por tais razões, cada aspecto do trabalho do ator, relativo a materiais interiores, deve ser protegido de observações incidentais, indiscrições, leviandades, comentários inúteis e brincadeiras. O domínio pessoal — tanto espiritual quanto físico — não deve ser "conspurcado" pela trivialidade, pela sordidez da vida, e pela falta de tato em relação a si e aos outros. Esse postulado pode soar como de ordem moral abstrata. Mas não é. Dirige-se à verdadeira essência do apelo do ator. Tal apelo é realizado por meio da carnalidade. O ator não deve ilustrar, mas realizar um "ato da alma", com seu próprio organismo. Assim, ele está diante de duas alternativas extremas: ou vende, desonra seu ser real, "encarnado", tornando-se objeto de prostituição artística; ou entrega-se em doação, santificando seu ser "encarnado" real.

IV

O ator só pode ser orientado e inspirado por alguém que se entrega de todo coração à sua atividade criativa. O diretor, enquanto orienta a inspiração do ator, deve ao mesmo tempo permitir ser orientado e inspirado por ele. Trata-se de um problema de liberdade, companheirismo, e isso não implica em falta de disciplina, mas num respeito pela autonomia dos outros. O respeito pela autonomia do ator não significa ausência de lei, falta de exigências,

DECLARAÇÃO DE PRINCÍPIOS

discussões intermináveis, e a substituição da ação por contínuas correntes de palavras. Ao contrário, o respeito pela autonomia significa enormes exigências, a expectativa de um máximo de esforço criativo e de um máximo de revelação pessoal. Compreendida dessa forma, a solicitude pela liberdade do ato só pode ser gerada da plenitude da liderança, e não da sua falta de plenitude. Tal falta implica em imposição, ditadura.

V

O ato de criação nada tem a ver com o conforto externo ou com a civilidade humana convencional; quer dizer, as condições de trabalho nas quais as pessoas se sentem felizes. Nesse tipo de criatividade, discutimos por meio de propostas, ações e organismos vivos, não por explicações. Quando, finalmente, encontramo-nos no rastro de algo difícil, e muitas vezes quase intangível, não temos o direito de perdê-lo por causa de frivolidade e falta de cuidado. Portanto, mesmo durante certas pausas, depois das quais continuaremos o processo criador, somos obrigados a observar certa reticência natural em nosso comportamento, e até em nossos problemas privados. Isso se aplica tanto ao nosso trabalho quanto ao trabalho dos nossos companheiros. Não devemos interromper e desorganizar o trabalho porque estamos apressados com os nossos problemas particulares; não podemos fazer brincadeiras, comentários sobre ele. Em qualquer caso, as ideias pessoais de entretenimento não têm lugar na profissão do ator. Em nossa abordagem das tarefas criativas, mesmo se o tema é a brincadeira, devemos estar em estado de serenidade — podemos até dizer de "solenidade". Nossa terminologia de trabalho, que serve como um estímulo, não deve ser dissociada do trabalho e usada no contato privado. A terminologia de trabalho deve estar sempre associada com o trabalho.

Um ato criativo dessa qualidade é realizado dentro de um grupo, e ainda que dentro de certos limites, devemos restringir nosso egoísmo criativo. O ator não tem o direito de modelar seu companheiro, a fim de ficar mais habilitado para maiores possibilidades em sua representação. Nem tem o direito de corrigir o companheiro, sem ser autorizado pelo líder do trabalho. Elementos íntimos e drásticos no trabalho dos outros são intocáveis, e não devem ser comentados na ausência deles. Os conflitos privados, as disputas, os afetos, as animosidades são inevitáveis em qualquer grupo humano. É nosso dever para com a criação não deixar que deformem e envileçam o nosso processo de trabalho. Somos obrigados a abrir-nos até para com um inimigo.

VI

Já foi mencionado diversas vezes, mas nunca é demais ressaltar e explicar o fato de que não devemos explorar privadamente nada que se relacione com o ato criativo: isto é, locação, figurinos, objetos, um elemento da partitura da representação, um tema melódico ou partes do texto. Essa regra se aplica aos mínimos detalhes, e não existem exceções. Não a criamos somente para homenagear a uma devoção artística especial. Não estamos interessados em palavras nobres e grandiosas, mas nossos conhecimentos e nossas experiências nos dizem que a ausência de uma estrita adesão a tais regras faz com que a partitura do ator seja destituída de suas motivações psíquicas e do seu "esplendor".

DECLARAÇÃO DE PRINCÍPIOS

VII

A ordem e a harmonia no trabalho de cada ator são condições essenciais sem as quais o ato criativo não pode ser realizado. Aqui, exigimos consistência. Exigimos isso dos atores que vêm para esse teatro, conscientemente, a fim de se lançarem em algo extremo, num tipo de transformação que exige uma resposta total de cada um de nós. Vieram testar-se em algo de muito definitivo, que vai além do significado de "teatro", e é muito mais um ato de viver e um caminho de existência. Isso talvez soe quase vago. Se tentarmos explicá-lo teoricamente, podemos dizer que o teatro e a representação são para nós um tipo de veículo que nos permite emergir de nós mesmos, realizar-nos. Podemos ir nesse caminho até uma grande profundidade. No entanto, quem quer que fique aqui mais do que o período de teste, deve estar perfeitamente consciente de que tudo isso de que falamos pode ser menos compreendido por palavras grandiosas do que por detalhes, exigências e rigores do trabalho, em todos os seus elementos. O indivíduo que perturbar os elementos básicos, que não respeitar, por exemplo, sua própria partitura de representação e a dos outros, destruindo sua estrutura por uma reprodução automática e entediada, é o mesmíssimo que abala a motivação altamente indefinível da nossa atividade comum. Aparentemente, são pequenos detalhes que formam o pano de fundo contra o qual se tomam as decisões fundamentais, como o dever de anotar os elementos descobertos no decurso do trabalho. Não devemos confiar em nossa memória até sentirmos que a espontaneidade de nosso trabalho está sendo ameaçada, e mesmo então devemos manter um registro apenas parcial. Essa é uma regra tão básica quanto a estrita pontualidade, a imediata memorização do texto etc. Qualquer forma de leviandade em nosso trabalho é totalmente proibida. No entanto, acontece muitas vezes que o ator tem de verificar uma cena, esboçando-a a fim de checar sua organização e os elementos de seus companheiros de ação. Mas mesmo em tais circunstâncias, ele deve seguir tudo cuidadosamente, comparando-se a eles, a fim de compreender suas motivações. Essa é a diferença entre um esboço e um engodo.

O ator deve estar sempre pronto para executar o ato criativo no momento exato determinado pelo grupo. A esse respeito, sua saúde, suas condições físicas, e todos os seus problemas particulares, deixam de ser apenas uma questão pessoal. Um ato criador dessa qualidade só floresce se alimentado por um organismo vivo. Portanto, somos obrigados a cuidar diariamente do nosso corpo, a fim de estarmos sempre prontos para nossas tarefas. Não se deve dormir pouco, por causa de divertimentos particulares, e depois vir para o trabalho cansado ou de ressaca. Não podemos estar incapazes de concentrar-nos. A regra, aqui, não exige apenas a presença compulsória de alguém no lugar de trabalho, mas a disposição física para criar.

VIII

A criatividade, especialmente quando se relaciona com a representação, é de uma sinceridade sem limites, ainda que disciplinada: isto é, articulada por meio de signos. O criador não deve, portanto, achar em seu material uma barreira nesse sentido. Como o material do ator é o seu próprio corpo, ele deve ser treinado para obedecer, para ser flexível, para responder passivamente aos impulsos psíquicos, como se não existisse no momento da criação — não oferecendo resistência alguma. A espontaneidade e a

DECLARAÇÃO DE PRINCÍPIOS

disciplina são os aspectos básicos do trabalho do ator, e exigem uma chave metódica.

Antes de um homem decidir-se a fazer algo, deve elaborar um ponto de orientação, e depois agir de acordo com isso e de forma coerente. O ponto de orientação deve ser bastante evidente para ele, resultado de convicções naturais, observações e experiências anteriores na vida. Os fundamentos básicos desse método constituem, para o nosso grupo, esse ponto de orientação. Nosso instituto é engrenado para examinar as consequências desse ponto de orientação. Portanto, ninguém que vem e permanece aqui pode alegar falta de conhecimento do programa metódico do grupo. Quem quer que venha trabalhar aqui, e deseje manter distância (em relação à consciência criativa), demonstra um tipo errado de cuidado com sua própria individualidade. O significado etimológico de "individualidade" é "indivisibilidade", o que significa uma existência completa em alguma coisa: a individualidade é o verdadeiro oposto do ser pela metade. Sustentamos, portanto, que aqueles que vêm e permanecem aqui descobrem em nosso método algo profundamente relacionado com eles, preparado por suas vidas e experiências. Desde que aceitem isso de modo consciente, presumimos que cada um dos participantes se sinta na obrigação de treinar criativamente e tentar formar sua própria variação inseparável dele mesmo, sua própria reorientação, aberta para os riscos e as pesquisas. O que nós chamamos aqui de método é exatamente o oposto de prescrições.

IX

O ponto principal é que o ator não tente adquirir uma espécie de formulário, nem construa uma caixa de truques. Aqui não é

EM BUSCA DE UM TEATRO POBRE

lugar de colecionar todas as espécies de meios de expressão. A força da gravidade, em nosso trabalho, empurra o ator para um amadurecimento interior, que se expressa por meio de um desejo de romper barreiras, de atingir seu "cume", a totalidade.

O primeiro dever do ator é aceitar o fato de que ninguém aqui deseja *dar-lhe* nada; em vez disso, pretendemos *tirar* muito dele, eliminar tudo que o mantém usualmente amarrado: sua resistência, sua reticência, sua tendência a esconder-se atrás de máscaras, os obstáculos que seu corpo impõe ao trabalho criativo, seus costumes, e até suas usuais "boas maneiras".

X

Antes de o ator ser capaz de realizar um ato total, tem de cumprir um número de exigências, algumas das quais são tão sutis, tão intangíveis, que se tornam praticamente indefiníveis por meio de palavras. Só são compreensíveis na aplicação prática. É mais fácil, no entanto, definir as condições sob as quais um ato total não pode ser realizado, e quais das ações do ator o tornam impossíveis.

Esse ato não pode existir se o ator está mais interessado no encanto, no sucesso pessoal, no aplauso e no salário do que na criação compreendida em seu sentido mais elevado. Não pode existir se o ator o condiciona ao tamanho do seu papel, ao seu lugar no espetáculo, ao dia e tipo de plateia. Não pode haver um ato total se o ator, mesmo fora do teatro, dissipa seu impulso criativo e, como já dissemos antes, o conspurca, o bloqueia, particularmente por meio de compromissos incidentais ou de natureza duvidosa, ou pelo uso premeditado do ato criativo como uma maneira de favorecer a própria carreira.

Dados complementares

Jerzy Grotowski criou o Teatro Laboratório em 1959 em Opole, cidade de 60 mil habitantes, na região sudoeste da Polônia. Foi assistido de perto por seu mais íntimo colaborador, o conhecido crítico teatral e literário Ludwik Flaszen. Em janeiro de 1965, o Teatro Laboratório deslocou-se para a cidade universitária de Wroclaw que, com meio milhão de habitantes, é também a capital cultural dos Territórios da Polônia Oriental. Nessa cidade, transformou-se no atual Instituto de Pesquisa Teatral. As atividades do Laboratório foram patrocinadas, de forma contínua, pelo Estado, por intermédio das prefeituras de Opole e Wroclaw.

A própria denominação revela a natureza de seus objetivos. Não se trata de teatro na acepção normal da palavra, mas de uma instituição destinada a pesquisas no domínio da arte teatral, e da arte dramática em particular. As produções do Teatro Laboratório representam uma espécie de modelo de trabalho, onde a atual pesquisa da arte dramática pode ser colocada em prática. Nos meios teatrais, é conhecido como o Método Grotowski. Além desse trabalho de pesquisa e metodologia, e das representações públicas, o Laboratório dedica-se também ao preparo dos atores, produtores e elementos pertencentes a outros campos de atividades afins.

O Teatro Laboratório possui um grupo permanente de atores que funcionam, ao mesmo tempo, como instrutores. Os alunos,

EM BUSCA DE UM TEATRO POBRE

muitos dos quais estrangeiros, são aceitos também para um aprendizado a curto prazo. São ainda chamados especialistas em outras disciplinas, como psicologia, fonologia, antropologia cultural etc.

O Teatro Laboratório conserva certa coerência na escolha do seu repertório. As peças levadas em cena baseiam-se nos grandes clássicos poloneses e internacionais, cuja função aproxima-se do mito, na consciência coletiva. As produções que comprovam as etapas progressivas da pesquisa metodológica e artística de Grotowski são as seguintes: *Caim*, de Byron; *Shakuntala*, de Kalidasa; *Forefathers' Eve*, de Mickiewicz; *Kordian*, de Slowacki; *Akropolis*, de Wyspianski; *Hamlet*, de Shakespeare; *Dr. Fausto*, de Marlowe; e *O príncipe constante*, de Calderón, em adaptação polonesa de Slowacki. No momento, acha-se em preparação um espetáculo baseado em temas do Evangelho. O Teatro Laboratório também promove turnês de representações no exterior. Grotowski visita com frequência os diversos centros teatrais existentes em inúmeros países, ministrando cursos teóricos e práticos sobre o seu método. Seu mais estreito colaborador nessa pesquisa é Ryszard Cieslak que, na opinião de determinado crítico do jornal francês *l'Express*, é a imagem viva desse método no seu papel como o Príncipe constante.

Este livro foi composto na tipografia
Adobe Garamond Pro, em corpo 11,5/15,5,
e impresso em papel off-white pelo Sistema Digital
Instant Duplex da Divisão Gráfica
da Distribuidora Record.